AF470028

GÉOGRAPHIE

DU

BREVET ÉLÉMENTAIRE

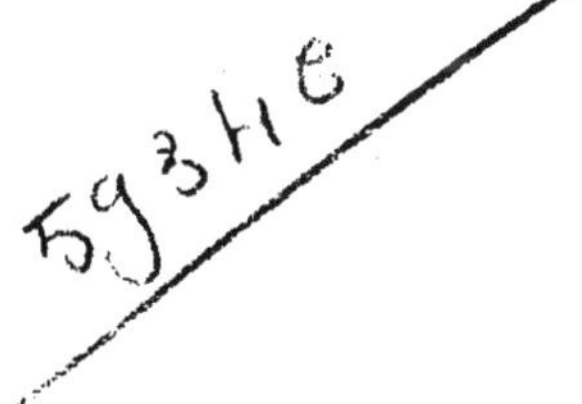

ENSEIGNEMENT PRIMAIRE SUPÉRIEUR
Préparation au Brevet élémentaire

A. PIERRE et Mlle A. MARTIN. — **Cours de morale théorique et pratique.**
1 vol. in-12, broché, **1 50**; relié toile. **2 25**

— **Extraits des moralistes et des écrivains français.** 1 vol. in-12, broché, **2 25**
relié toile. **3 »**

A. JACQUET et LACLEF. — **Cours d'Arithmétique théorique et pratique.**
1 vol. in-12, broché, **2 50**; relié. **3 25**

— **Solutions raisonnées des Problèmes et Exercices contenus dans le Cours
d'Arithmétique théorique et pratique.** 1 vol. in-12, broché. **3 50**

— **L'Arithmétique du Brevet élémentaire.** 1 vol. in-12, broché, **1 75**; relié. **2 50**

— **Solutions raisonnées des Problèmes et Exercices contenus dans l'Arithmétique du Brevet élémentaire.** 1 vol. in-12, broché. **3 »**

— **Cours d'Algèbre élémentaire.** 1 vol. in-12. broché, **1 50**; relié. **2 25**

— **Cours de Géométrie théorique et pratique.** 1 vol. in-12, broché, **3**; relié. **3 75**

BOURGUEIL. — **L'Instruction civique du Brevet élémentaire.** 1 vol. in-12,
cartonné. **1 25**

A. AMMANN et E. COUTANT. — **Cours des Ecoles primaires supérieures.**

— *Première année.* — **Histoire de la France** depuis le début du xvie siècle
jusqu'en 1789. 1 vol. in-12, f. toile. **2 50**

— *Deuxième année.* — **Histoire de la France** depuis 1789 jusqu'à la fin du
xixe siècle. 1 vol.. relié f. toile. **3 »**

— *Troisième année.* — *Le Monde au* xixe *siècle :* **Tableau politique et économique du Monde contemporain.** 1 vol. in-12, f. toile. **3 »**

— **Histoire de France du Brevet élémentaire.** 1 vol. in-12, relié toile. **2 50**

— **Notions sommaires d'histoire générale et revision de l'histoire de France.**
1 vol. in-12, cartonné. **2 50**

BOCQUILLON. — **Comment on prend un croquis;** *la perspective rendue facile.*
1 vol. in-4° italienne, cartonné. **2 75**

RAUBER. — **Principes et Exercices de Composition.** 1 vol. in-12, cart. **2 »**
Exercices de style et de composition (livre du maître du précédent).
1 vol. in-12, cartonné. **3 50**

R. PESSONNEAUX. — **Lexicologie élémentaire.** 1 vol. in-12, cart. **1 25**

R. PESSONNEAUX et GAUTIER. — **Lexicologie française (origine, formation et signification des mots).** 1 vol. in-12, relié. **3 75**

PIERRE, MINET et MARTIN. — **La Grammaire du Brevet élémentaire.**
1 vol. in-12, relié. **2 25**

SARTHOU. — **La Lecture expliquée du Brevet élémentaire.** 1 vol. in-12
relié. **2 75**

COHEN. — **Le Croquis coté du Brevet élémentaire.** 1 vol. in-8°. **2 75**

GÉOGRAPHIE

DU

BREVET ÉLÉMENTAIRE

ET DES COURS COMPLÉMENTAIRES

(LA FRANCE ET SES COLONIES)

ACCOMPAGNÉE DE

Croquis, Photogravures, Tableaux synoptiques, Lectures

PAR

GASTON DODU

Inspecteur d'Académie
Ancien professeur d'Histoire et de Géographie
Docteur ès lettres

HUITIÈME ÉDITION REVUE, CORRIGÉE ET AUGMENTÉE D'UN MEMENTO

PARIS

LIBRAIRIE CLASSIQUE FERNAND NATHAN

16, RUE DES FOSSÉS-SAINT-JACQUES, 16

(Place du Panthéon, V^e)

1918

Tous droits réservés.

CARTES MUETTES D'EXERCICES

(Format de 0^m,34 × 0^m,45)

d'après **BONNEFONT**

Prix de chaque carte : **10** centimes. — Le cent : **7 fr. 50**

Ces cartes, d'une clarté parfaite, remises complètement à
jour, rendent les plus grands services aux professeurs et
aux élèves; n'indiquant que les contours et les grandes
divisions intérieures, elles laissent une *large part de travail*
aux élèves tout en leur évitant une copie fastidieuse. **Nous** ne
saurions trop les recommander pour les compositions et les
exercices quotidiens.

Voir le détail au Prospectus spécial

PRÉFACE

Nous avons écrit cette Géographie pour les élèves des *Cours complémentaires* et pour les candidats au *Brevet élémentaire*. Non seulement nous nous sommes appliqué à en mettre le ton au niveau des connaissances exigées pour cet examen, mais nous avons voulu aussi qu'il fût le développement fidèle de son programme. Pour simplifier la tâche de l'élève, quelquefois aussi celle du maître, trop souvent obligés, lorsqu'ils ne veulent laisser aucune question sans réponse, de frapper à plusieurs portes, nous avons suivi ce programme pas à pas.

Il faut lire notre livre le programme à la main.

Ceux auxquels il s'adresse y trouveront tout ce qu'il est nécessaire qu'ils sachent bien. Ils pourront, sans dommage, ignorer tout ce qui, de propos délibéré, a été passé sous silence. En y cherchant des noms de villes, de rivières ou de montagnes qu'ils n'y rencontreront pas, ils finiront peut-être par *réagir contre l'instinctive tendance* qui les porte à *confondre la nomenclature avec la géographie*. Mais ils ne devront rien oublier de ce qu'ils y auront lu. Les connaissances acquises par ce moyen suffiront à leur culture, à la condition qu'ils n'en négligent aucune parcelle. Nous avons fait des coupes sombres dans l'épaisse forêt des mots géographiques. C'est assez dire que tout ce qui a été respecté devra être retenu.

Au reste, les sacrifices que nous avons consentis feront ressortir l'importance de ce que nous avons conservé. Puisse donc notre méthode fortifier, chez qui s'en pénétrera, le goût *exclusif* des choses vraiment bonnes et profitables !

Le plan suivi est des plus simples. Chaque numéro du programme a donné matière à un chapitre du livre. Chaque chapitre, précédé de *Notions générales*, et suivi d'un *Tableau synoptique*, a été divisé en *Leçons* comprenant à leur tour trois parties distinctes : un *Résumé*, un *Récit*, une *Lecture*. Toutes les fois que cela a paru nécessaire, des *Croquis*, destinés à éclairer le texte, y ont été intercalés. Croquis très simples, dans le genre de ceux qu'un instant suffit pour tracer à grands traits, en parlant, au tableau noir, ils peuvent, à la rigueur, *dispenser de tout atlas.* Ils ne contiennent aucun mot qui ne soit dans le texte, mais ils contiennent tous ceux qui s'y trouvent. L'indication de *Sujets de devoirs*, qu'il sera facile à nos maîtres de multiplier et de varier à leur gré, termine chacune des quatre grandes parties de l'ouvrage. Croquis ou récits, ces devoirs sont choisis de manière à permettre à l'élève de s'acquitter honorablement de sa tâche, sans l'appoint d'aucun secours étranger. La réflexion sera son principal instrument. Il fera appel à ses souvenirs, mais n'aura jamais l'occasion de répéter machinalement, sans profit pour son intelligence, ce qu'il aura retenu. S'il ne pouvait être autre chose que le résultat d'un effort de mémoire, le devoir de géographie devrait être abandonné.

Mais nous avons cru encore devoir satisfaire au besoin de représentation par l'image, naturel chez l'homme, à plus forte raison chez l'enfant. De là nos *Gravures*. Si forcément restreint qu'en soit le nombre, elles nous paraissent capables de fixer dans son imagination la physionomie de quelques-uns des sites dont il aura lu la description. Sans compter qu'elles éveilleront sa curiosité.

Il trouvera, enfin, dans notre *Appendice*, quelques notions complémentaires qui, intercalées dans le texte, auraient risqué d'obscurcir, au profit de la nomenclature, l'idée générale qui toujours doit demeurer au premier plan ; de même que notre *Memento* lui permettra d'entreprendre, sans trop de peine, le travail de révision qui peut, en fin d'année, n'être pas sans profit.

Gaston Dodu.

PREMIÈRE PARTIE

GÉOGRAPHIE PHYSIQUE

CHAPITRE I

NOTIONS PRÉLIMINAIRES

NOTIONS GÉNÉRALES

La géographie d'un pays explique en partie son histoire. Quelque vertu qu'on accorde aux institutions, aux mœurs, ou à l'esprit politique de ses habitants, on doit faire état de la supériorité qui résulte de sa constitution physique. Il y a là un facteur à peine moins déterminant des destinées d'un peuple que sa valeur intellectuelle et morale. Le développement politique particulier de la France a été une conséquence de sa parfaite unité géographique.

LEÇON I

**Situation entre l'Océan et la Méditerranée.
Forme. — Étendue.**

RÉSUMÉ. — 1. Situation. — Dans la zone tempérée ; à égale distance du pôle et de l'équateur ; à l'ouest de l'Europe et au point où les mers du Nord et la Méditerranée sont séparées par l'isthme le plus étroit. La France doit à cette **position** d'être le lieu de passage du monde méditerranéen **au monde** océanique.

2. Forme. — Hexagone dont les côtés constitués alternativement par des frontières de terre et de mer se correspondent avec régularité.

3. Étendue. — Avec ses 536.408 kilomètres carrés, la France ne vient qu'au cinquième rang en Europe; mais la médiocrité d'étendue ne saurait prévaloir sur les avantages résultant de la situation et de la forme.

Récit. — **1. Situation.** — La France occupe parmi toutes les régions du globe une situation privilégiée.

Comprise entre le 42°20′ et le 51°5′ de latitude nord, le 7°8′ de longitude occidentale et le 4°51′ de longitude orientale, elle est au cœur de la zone tempérée, à égale distance du pôle et de l'équateur. Protégée à la fois contre les chaleurs de l'un et les glaces de l'autre, elle offre un exemple de concentration des conditions les plus favorables à la variété des cultures comme au développement de la vie humaine.

A cet avantage, qu'elle partage avec presque tout le reste de l'Europe, la France joint celui d'être, sur cette partie du continent, le lieu de passage du monde méditerranéen au monde océanique. D'une part, en effet, il n'est pas entre les mers du Nord et la Méditerranée d'isthme plus étroit que celui dont son territoire est formé : on ne compte guère, à vol d'oiseau, plus de 200 lieues depuis le delta rhodanien jusqu'à l'estuaire de la Seine, ni plus de la moitié entre les golfes de Gascogne et du Lion. D'autre part, en raison de la médiocrité générale du relief, les communications sont plus faciles à travers l'isthme français qu'en aucun autre point de la masse européenne : le Massif Central est le seul obstacle qui s'y rencontre; encore des routes naturelles, suivies aux différentes époques par les migrations, la conquête et le commerce, permettent-elles de le contourner.

La France est, par suite, le pays d'Europe le plus directement ouvert vers le nouveau monde où la civilisation fut portée, et vers l'ancien d'où elle est venue. Les lignes droites qui unissent l'Italie à l'Angleterre, l'Allemagne à l'Espagne, se croisent en son centre. Là passent les routes de New-York et Londres à Constantinople, au Caire et à la Chine ; de Saint-Pétersbourg à Madrid, Lisbonne et au Brésil. C'est le chemin le plus court de l'Afrique à l'Angleterre, de la vieille Asie à la jeune Amérique.

2. Forme. — Par l'harmonie de ses formes, la France est aussi privilégiée que par l'excellence de sa position. Elle n'est ni une bande de terre allongée, comme l'Italie ou la Scandinavie, ni un continent compact, comme l'Espagne. L'équilibre entre les frontières de terre et de mer n'est nulle part mieux assuré que chez elle : l'Autriche-Hongrie, enfoncée dans l'épaisseur des terres, n'a sur mer qu'un jour étroit ; l'Angleterre est une île éloignée de toute terre ; la France, au contraire, malgré sa double façade sur l'Océan et la Méditerranée, tient étroitement à tout le reste de l'Europe. Elle offre à peu près l'aspect d'un **hexagone** dont les sommets sont Dunkerque, la pointe Saint-Mathieu, l'embouchure de la Bidassoa, le cap Cerbère, le territoire de Menton, le mont Donon, et dont les fronts maritimes et terrestres se correspondent avec une remarquable régularité.

3. Etendue. — Qu'importe la médiocrité de son étendue en comparaison de sa position privilégiée ou de son harmonique structure? Avec une superficie de **536.408** kilomètres carrés, Corse comprise, la France n'est que la **deux cent cinquantième partie** des continents. Elle ne vient qu'au **cinquième** rang en Europe, après la Russie, la Suède-Norvège, l'Autriche-Hongrie, l'Allemagne. La Chine, les États-Unis, la Russie sont des colosses à côté d'elle. La France n'en a pas moins joué un rôle important dans l'histoire du monde, tant il est vrai que les avantages naturels d'un pays contribuent puissamment à son progrès social et à sa grandeur politique.

LECTURE

Élégance des formes de la France. — « La France se distingue entre toutes les contrées de l'Europe par l'élégance et l'équilibre de ses formes. Ses contours mouvementés s'harmonisent de la manière la plus gracieuse avec la solide majesté de l'ensemble et se développent régulièrement en une série d'ondulations rythmiques. Un méridien que l'on peut considérer comme un axe idéal réunit les deux extrémités saillantes du territoire en passant à travers la capitale et le centre de figure et partage la France en deux moitiés presque symétriques. De chaque côté de cet axe se disposent les faces du grand hexagone que représente le pourtour du pays. Au nord-ouest, le rivage de la Manche correspond à la frontière de Belgique exposée au nord-est ; à l'ouest, les côtes de Bretagne et du Poitou forment avec les plages rectilignes des Landes une courbe concave tournée vers la haute mer, tandis qu'à l'est les limites de la France décrivent une autre concavité vigoureusement accentuée par les rangées du Jura et les massifs des Alpes. Enfin, au sud-ouest, l'arête des Pyrénées fait équilibre aux rivages méridionaux du Languedoc et de la Provence, dont la direction générale est celle du nord-ouest. Des deux diagonales de la France, l'une réunit deux frontières terrestres, celle de la Belgique et de l'Espagne, l'autre rejoint les deux mers, l'Atlantique et la Méditerranée. Ces frontières de terre et de mer qui se succèdent ainsi avec une si remarquable alternance présentent respectivement à peu près la même longueur, du moins en ligne droite, tant la pondération est grande entre les diverses parties de la contrée. » (E. Reclus, *Nouvelle Géographie universelle*, **Hachette**, éditeur.)

TABLEAU SYNOPTIQUE

NOTIONS PRÉLIMINAIRES

LA FRANCE

I — Situation

1. Dans la zone tempérée ; à égale distance du pôle et de l'équateur.
   Conséquences : également protégée contre les froids polaires et les chaleurs équatoriales.
2. Au point où les mers du Nord et la Méditerranée sont séparées par l'isthme le plus étroit.
   Conséquences : lieu de passage du monde méditerranéen au monde océanique.

II — Forme

Hexagone aux côtés alternativement constitués par des frontières terrestres et maritimes.
Conséquences : équilibre entre la terre et la mer.

III — Étendue

Médiocre (536.408 kilomètres carrés).
Médiocrité compensée par les privilèges de la situation et l'harmonie de la forme.

CHAPITRE II

LIMITES

NOTIONS GÉNÉRALES

Si la situation et la structure favorisent le développement politique et social d'un pays, la nature de ses limites assure sa cohésion. Ce n'est pas seulement sa constitution anarchique qui livra la Pologne à ses ambitieux voisins, c'est encore et surtout son manque de frontières naturelles. La France, au contraire, offre, sur presque tout son pourtour, un ensemble nettement délimité par la nature. Sauf au nord-est, où la ligne de démarcation est factice, la mer ou les montagnes forment partout ceinture. Est-il meilleur talisman contre l'invasion et le démembrement?

Leçon I

Avant et après 1871.

RÉSUMÉ. — **1.** Les **limites avant 1871** étaient marquées à l'est par le Rhin ; mais le traité de Francfort (10 mai 1871), en nous arrachant l'Alsace-Lorraine, nous en a éloignés.

2. Les **limites actuelles** s'arrêtent aux Vosges dont les deux versants sont même, à partir du mont Donon, possédés par nos voisins.

Récit. — **1. Limites anciennes.** — Au nord-ouest, à l'ouest et au sud-est, la France a ses flancs baignés par la *mer du Nord*, la *Manche*, l'*Atlantique*, la *Méditerranée*. Le rempart des *Pyrénées*, des *Alpes*, du *Jura* la bastionne au sud-ouest et à l'est, l'isolant de l'Espagne, de l'Italie, de la Suisse. Exception

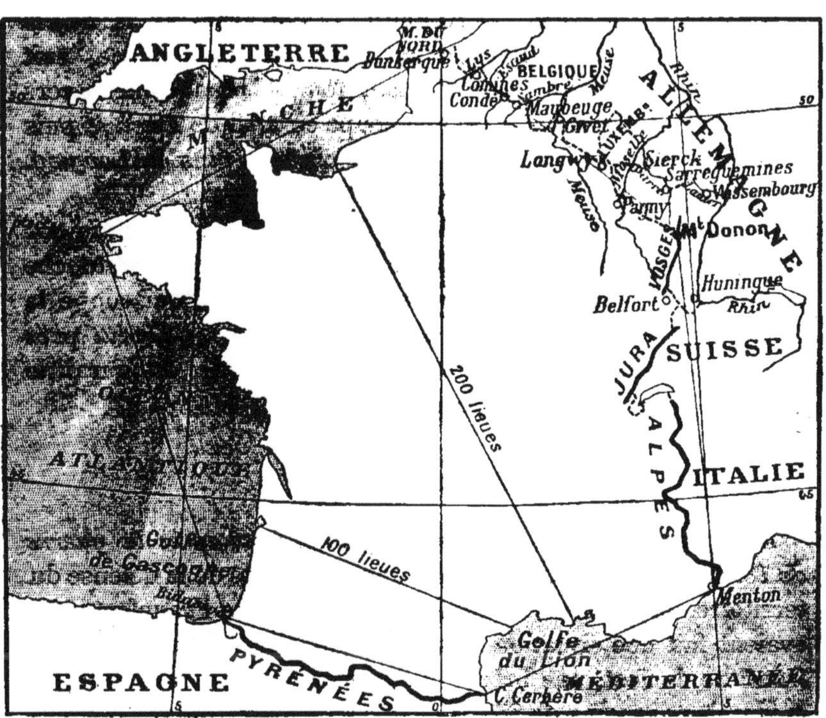

Croquis 1. — Situation. — Forme. — Limites.

faite de la partie méridionale des *Vosges*, une simple **ligne conventionnelle** la sépare, au nord-est, de l'Allemagne, du Luxembourg, de la Belgique. C'est, par suite, au nord-est que les modifications les plus fréquentes et les plus sérieuses ont pu être opérées. La dernière, conséquence de notre guerre avec la Prusse, remonte au traité de Francfort (10 mai 1871). Avant cette date, la frontière franco-allemande suivait la rive gauche du Rhin depuis *Huningue* jusqu'au confluent de la *Lauter ;* puis, par une ligne tracée le long de cette rivière jusqu'aux environs de *Wissembourg* et coupant la *Sarre* près de *Sarreguemines*, la *Moselle* près de *Sierck*, rejoignait l'angle sud-est du grand-duché de Luxembourg.

2. Limites nouvelles. — Aujourd'hui, elle traverse la *trouée de Belfort* à 12 kilomètres au nord de cette place, suit les *Vosges* jusqu'au *mont Donon*, tourne brusquement vers l'ouest jusqu'à la *Moselle* qu'elle coupe en aval de *Pagny*, puis court directement au nord pour rejoindre, près de *Longwy*, l'angle sud-ouest du grand-duché de Luxembourg.

De *Longwy* à *Dunkerque*, la frontière franco-belge, quoique artificielle comme la précédente, n'a subi aucune retouche depuis 1830. Elle est marquée par une ligne qui coupe la *Meuse* à *Givet*, la *Sambre* en aval de *Maubeuge*, l'*Escaut* près de *Condé*, la *Lys* à *Comines*. Il est vrai qu'elle est garantie par le boulevard de la Belgique neutralisée.

LECTURE

État précaire de notre frontière du nord-est après la guerre de 1870-1871. — « Au point de vue des intérêts de la défense du territoire, les clauses du malheureux traité de Francfort nous avaient fait une situation lamentable. Il s'était ouvert, à notre frontière de l'est, une brèche qui, de Longwy à la Suisse, ne mesurait pas moins de 250 kilomètres. Appuyés sur des places fortes couvrant leur flanc droit, nos vainqueurs pouvaient se concentrer à leur aise sur la ligne Metz-Sarrebourg et de là se jeter derechef sur la France. Le système des voies de communication praticables se prêtait admirablement au succès de toutes leurs entreprises[1]. » (Hennebert, *La Guerre*, **Hachette et C**[ie], éditeurs).

---

1. On verra plus loin, pp. 148 et 149, par quels obstacles artificiels le Génie militaire a fermé la brèche à l'invasion.

TABLEAU SYNOPTIQUE

LIMITES

I **Avant 1871**	1. *Immuables :* en tous points, sauf au nord-est (mer du Nord, Manche, Atlantique, Méditerranée, Pyrénées, Alpes, Jura).	
	2. *Variables au nord-est*	*a* Franco-allemandes (Rhin, d'Huningue au confluent de Lauter ; Lauter, jusqu'aux environs de Wissembourg ; Sarreguemines sur Sarre ; Sierck sur Moselle ; angle sud-est du Luxembourg).
		b Franco-belges (ligne coupant Meuse à Givet, Sambre à Maubeuge, Escaut à Condé, Lys à Comines).
II **Depuis 1871**	1. *Immuables :* les mêmes.	
	2. *Variables*	*a* Franco-allemandes (trouée de Belfort, Vosges jusqu'au Donon, du Donon à Pagny-sur-Moselle, de Pagny à Longwy).
		b Franco-belges : les mêmes.

CHAPITRE III

RELIEF

NOTIONS GÉNÉRALES

Un regard jeté sur une carte de France suffit à donner une idée du relief de ce pays. Tirez une ligne de Bayonne (Basses-Pyrénées) à Mézières (Ardennes), et vous aurez à l'est la *partie montagneuse*, à l'ouest la *partie des plaines*. Les vallées de la Garonne, du Rhône et de la Seine supérieure interrompent seules la zone d'élévations, de même que les plateaux d'Artois, de Picardie, de Caux, et les collines du Poitou, du Perche, de Normandie, de Bretagne sont les seules saillies de la zone basse. Cela fait, suivez la pente des plaines doucement inclinée vers le sud-ouest et le nord-ouest, et vous aboutirez à la *ligne des côtes* ou ligne de rencontre entre la terre et la mer. C'est dans cette double direction qu'exception faite du jour ouvert sur la Méditerranée par la vallée du Rhône il faut aller chercher la mer.

Il suit de là que l'étude générale du relief français doit porter successivement sur les *montagnes*, sur les *plaines*, sur les *côtes*.

Nos *montagnes* offrent l'exemple de structures les plus diverses : chaînes dans les Alpes, les Pyrénées, le Jura, les Vosges; massif dans la France centrale ; plateaux dans la région du nord-est. L'Espagne est surtout un plateau ; l'Italie, une bande de terre soudée à une longue chaîne ; telle autre contrée du globe, comme le Monténégro ou l'Abyssinie, se réduit au massif dont sa surface est couverte. Quelque pittoresques que puissent être, dans ces pays, les sites de la montagne, les mêmes accidents se reproduisent, à peu de chose près, à intervalles peu éloignés. Au contraire, l'extrême variété de structure rencontrée dans la France montagneuse sauve cette dernière de la monotonie.

Une impression analogue se dégage de la contemplation de nos *plaines*. L'uniformité n'est pas leur caractère. De la frontière belge aux Pyrénées, elles ne sont pas seulement sillonnées par des ondulations plus ou moins accentuées, mais elles doivent aussi à l'abondance de leurs vallons ou de leurs collines une variété d'aspect qu'on ne retrouve ni dans les steppes de Russie, ni dans les prairies de l'Amérique du Nord, ni dans les pampas de l'Amérique du Sud.

Comme, enfin, la configuration des *côtes* résulte de la nature même du relief, c'est-à-dire du voisinage de la montagne ou de la plaine, la France, pays de montagnes et pays de plaines, a ici des côtes basses, là des côtes élevées. Le matelot qui longe notre littoral n'est pas moins intéressé par les changements de tableau que le touriste en excursion dans la montagne ou en promenade dans la plaine.

Leçon I

Les Montagnes. — Divisions. — Caractères généraux.

RÉSUMÉ. — 1. Variété des systèmes montagneux. — La France possède les trois grandes variétés de relief que l'on distingue ordinairement, *chaînes, massifs, plateaux*. On peut, en prenant la variété pour base, classer les montagnes françaises en trois groupes : 1° **systèmes à forme de chaîne** (*Pyrénées, Alpes, Jura, Vosges*); 2° **systèmes à forme de massif** (*Massif Central*); 3° **systèmes à forme de plateau** (*de Langres, Ardennais, Lorrain*). Les chaînes se dressent dans les régions frontières ; le Massif Central est, comme son nom l'indique, en pleine France ; les plateaux se rencontrent à l'extrémité nord-est du pays.

2. Les **chaînes françaises** ne sont comparables, ni pour la hauteur, ni pour le développement en surface, aux principaux soulèvements du globe. Elles n'en couvrent pas moins des espaces étendus, sans que, d'ailleurs, la direction générale de l'axe du soulèvement cesse d'être perceptible. Les Pyrénées sont plutôt parallèles à l'équateur; les Alpes, le Jura, les Vosges, plutôt parallèles au méridien.

3. Le **Massif Central**, largement étalé en forme de trident, couvre le sixième de la superficie de la France. Il est le seul des soulèvements français qui, à une époque antérieure de l'histoire de la Terre, ait été un foyer d'éruption volcanique.

4. Le **plateau** est la forme de relief la moins répandue en France. Il est, en outre, toute proportion gardée, inférieur en population et en richesse à la chaîne et au massif.

RÉCIT. — 1. Variété des systèmes montagneux. — D'une façon générale, les systèmes montagneux affectent, dans leur structure, trois formes bien caractérisées. Dans les uns, les hauteurs se développent sur une ou plusieurs rangées, avec ou sans interruption, suivant une direction déterminée dont elles ne s'écartent que par exception. Ce sont les **systèmes à chaîne.**

Les autres, d'aspect plus chaotique, divergent en des directions multiples, tantôt entaillés de vallées étroites et profondes, tantôt rendus impénétrables par l'épaisseur de leur masse. On les désigne sous le nom de **massifs.**

Les troisièmes ne sont pas autre chose que des plaines plates, à peu près uniformes, que leur seule élévation au-dessus des pays environnants différencie des autres plaines. On reconnaît à ces signes les **plateaux.**

Ces trois variétés se rencontrant en France, il est naturel de répartir en trois groupes les systèmes montagneux français : 1° aux frontières, les **chaînes** *des Alpes, des Pyrénées, du Jura, des Vosges ;* 2° au centre, l'énorme bloc du **Massif Central,** auprès duquel les autres groupes montagneux épars dans la grande plaine semblent des pygmées ; 3° au nord-est, les **plateaux** *de Langres, Ardennais* et *Lorrain.*

2. Les chaînes françaises. — Aucune des **chaînes françaises** ne mérite d'être rangée parmi les plus importants soulèvements du globe. Si imposantes que soient les Pyrénées et les Alpes par rapport au Jura ou aux Vosges, elles ne sont rien en comparaison de l'Himalaya ou des Andes. Leur développement en surface ou en hauteur ne leur permet de rivaliser ni avec la muraille chinoise ni avec la Cordillère américaine. Ce n'est pas à dire que les chaînes françaises couvrent une insignifiante portion de notre sol. Loin de se dérouler sous forme de simples murailles, elles se ramifient dans tous les sens : c'est par centaines que les villes et les villages se comptent dans leurs vallées ; c'est par milliers que les hommes sont accourus pour les peupler !

L'axe principal du soulèvement n'en suit pas moins une direction générale bien déterminée. A l'exception des Pyrénées, plutôt *parallèles à l'équateur,* nos trois autres chaînes sont plus ou moins dirigées dans le *sens du méridien.* **Elles forment** du sud au nord, entre Nice et Strasbourg, trois groupes successifs d'élévations correspondant aux Alpes, au Jura et aux Vosges.

3. Le Massif Central. — Plus compliquée est la forme du **Massif Central**[1], encore qu'il ne soit pas impossible d'y reconnaître certains traits conducteurs. Très justement un géographe allemand l'a comparée à celle, très simple, d'un trident. Le manche est, en effet, représenté par les *Cévennes ;* la dent orientale par les *monts du Vivarais, du Lyonnais, du Beaujolais, du Charolais ;* la dent centrale par les *monts du Velay, du Forez, de la Madeleine ;* la dent occidentale par les *monts de la Margeride, d'Auvergne, du Limousin ;* le tout couvrant environ le sixième de la superficie de la France, soit **80.000** kilomètres carrés. *Massif* et non *plateau*, comme on l'a dit longtemps, comme on le répète encore par l'effet de l'habitude ; car ces 80.000 kilomètres carrés correspondent non à une haute plaine uniforme, mais à une région fortement accidentée, ayant des hauts et des bas, réunissant à peu près toutes les formes de relief. L'Espagne a un *plateau* à son centre, la France un *massif*.

La pente de ce dernier est aussi facile à reconnaître que sa forme. Observez la direction des cours d'eau qui ont leurs sources à son cœur. Les uns vont se perdre dans la Loire au-dessous de Nevers, les autres dans la Garonne au-dessous de Castelsarrasin. Signe évident que la pente est *double*, vers le nord-ouest et vers le sud-ouest.

L'aspect du pays est caractéristique. En maints endroits, ce dernier a gardé les traces d'une *activité volcanique* aujourd'hui éteinte. L'Auvergne, par exemple, fut autrefois un des plus importants foyers d'éruption du globe. On dirait aujourd'hui « une contrée brûlée[2] ». Ici, c'est un fleuve de lave solidifiée devenue la carrière noire de *Volvic ;* là, des colonnes basal-

---

1. Voir plus loin *Croquis du Massif Central*, p. 51.
2. Vidal-Lablache.

tiques, comme les *orgues d'Espaly*, la *Denise*, l'*aiguille Saint-Michel*, la *butte Corneille* au nord et au nord-ouest du Puy ; ailleurs, des sommets aux flancs sombres, écrasés en cratères quelquefois remplis d'eau. De toutes les nappes formées dans ces conditions, le *lac Pavin* est à la fois la plus sévère d'aspect et la plus grandiose de forme. Le reste de volcanicité se manifeste encore par des sources thermales et minérales. Celles du *Mont-Dore* et de *La Bourboule* sont parmi les plus célèbres et les mieux utilisées de France.

4. Les plateaux. — Nos **plateaux** occupent une superficie infime par rapport aux espaces que couvrent nos systèmes à chaîne et à massif. La vie, d'autre part, ne s'y est pas portée aussi intense que vers ces derniers. Ils sont, le plus souvent, sillonnés par des vallées étroites et en nombre insuffisant pour découper la masse montagneuse et animer la physionomie du paysage.

LECTURE

Le lac Pavin. — « Le premier aspect du Pavin est saisissant. Ses eaux remplissent en partie un vaste cratère en forme de cavité circulaire dont les parois sont bien plus élevées que la surface de la nappe liquide. Lorsqu'on pénètre dans l'enceinte escarpée qui entoure le lac, en suivant la brèche étroite qui donne issue à son trop-plein, on se trouve dans l'intérieur d'un vaste amphithéâtre dont l'arène liquide a 800 mètres de diamètre. Les parois de cet énorme Colisée naturel, fortement inclinées, atteignent jusqu'à la hauteur de 64 mètres ; elles sont entrecoupées de masses et de saillies rocheuses ; le reste des pentes se dérobe sous le feuillage touffu des hêtres et sous celui plus sombre des sapins. Le cône volcanique de Mont-chalme ou Montchat, revêtu aussi de bois, se dresse au sud-est. Il continue par son flanc la rive inclinée et laisse deviner par la courbe de son sommet, mollement tronqué, les contours d'un cratère supérieur. Si, au contraire, vous considérez le Pavin du haut de la crête qui termine l'escarpement ardu et presque partout impraticable de son rivage, l'aspect est plus impressionnant encore. On a la sensation d'un abîme. Assombries par le reflet de leurs rives, les eaux paraissent remplir, immobiles, un gouffre immense. A cette hauteur, les petites vagues, les rides de la surface, sont invisibles. Au crépuscule, le lac prend l'apparence d'un bain de plomb fondu, et les parois du cirque semblent presque noires.

« On ne s'étonne plus des légendes qui jadis faisaient du Pavin un objet de terreur et de mystérieux effroi. Il était, disait-on, sans fond, et l'imprudent qui y jetait une pierre provoquait soudain un tourbillon, duquel sortaient d'épais nuages portant dans leurs flancs la grêle, la foudre, la tempête. Nul poisson n'y pouvait vivre, nul bateau n'aurait pu s'y aventurer sans être aussitôt englouti. Quoique affaiblies, ces croyances ne sont pas absolument éteintes dans le voisinage, bien que des embarcations sillonnent journellement le lac, que la sonde en ait déterminé la profondeur[1] et qu'enfin l'industrie l'ait transformé depuis quelques années en un vaste vivier à truites. » (Edouard Vimont, *Le lac Pavin*.)

Leçon II

Les Montagnes (*Suite*). — **Caractères particuliers.**

RÉSUMÉ. — 1. Différentes variétés de structure. — Une même variété de système peut offrir des **types fort dissemblables entre eux.** Les Pyrénées, les Alpes, le Jura, les Vosges sont des chaînes, mais des chaînes qui ne se ressemblent guère.

2. Les Pyrénées. — Les **Pyrénées** se dressent comme un mur élevé et continu entre la France et l'Espagne. Des cols aux

---

1. Superficie : 40 hectares. Profondeur maxima : 94 mètres.

sommets la différence de niveau est peu sensible : pas de dépressions profondes, si ce n'est vers les extrémités. Pentes douces du côté de l'Espagne, brusques du côté de la France. Nombreuses les vallées transversales, rares les longitudinales.

3. Les Alpes. — Au lieu de former un mur continu, les **Alpes** sont composées de massifs reposant sur un socle commun et dont les contreforts s'emboîtent les uns dans les autres de manière à laisser entre eux des cols assez praticables. Entre les cols et les sommets des Alpes la différence de hauteur est, par suite, plus marquée qu'entre les cols et les sommets des Pyrénées. Nombreuses les vallées longitudinales, rares les transversales. Pentes brusques du côté de l'Italie, douces du côté de la France.

4. Le Jura. — Par sa structure, le **Jura** ne rappelle ni le mur des Pyrénées ni le chapelet de massifs à base commune des Alpes. Il est constitué par des chaînons distincts et parallèles. Cette disposition entraîne la forme longitudinale des vallées. Mais, si le Jura ressemble, à cet égard, aux Alpes, il a plus d'affinité avec les Pyrénées sous le rapport de la continuité d'élévation. Pentes brusques du côté de la Suisse, douces du côté de la France.

5. Les Vosges. — Les **Vosges** sont moins nettement caractérisées comme chaîne que les Pyrénées, les Alpes ou le Jura. Des espaces relativement étendus y affectent la forme de plateau. Pentes brusques vers le Rhin, douces vers la France.

6. Le Massif Central. — Quelque obstacle qu'oppose le **Massif Central** à la marche des hommes et aux échanges du commerce, il est percé par plusieurs passages naturels.

7. Glaciers. — Les neiges ne demeurant point d'une manière persistante au-dessous d'un certain niveau, les Alpes et les Pyrénées sont les seules à se couvrir de **glaciers**. La *mer de Glace* du mont Blanc est le roi des glaciers européens.

Récit. — **1. Différentes variétés de structure.** — Il ne résulte pas de ce qui précède que tous les systèmes appartenant à un même groupe soient invariablement et uniformément constitués. Les chaînes, par exemple, offrent entre elles une infinie variété de structure. Rien ne ressemble moins que les Pyrénées aux Alpes ou que le Jura aux Pyrénées. Chaque chaîne, chaque massif, chaque plateau a ses caractères particuliers qui, en le distinguant des autres systèmes de même famille, lui donnent sa physionomie propre. Un examen rapide des particularités de chacun de nos cinq plus importants soulèvements, Pyrénées, Alpes, Jura, Vosges, Massif Central, suffira à l'établir.

2. Les Pyrénées. — Les **Pyrénées**[1] (hauteur moyenne, 1.200^m; hauteur maxima, 3.404^m au *Nethou*) sont la chaîne par excellence. Non seulement l'axe demeure *rectiligne* d'un bout de la chaîne à l'autre bout, mais la hauteur à laquelle atteint la ligne des crêtes reste partout considérable. C'est un véritable mur, sans variété dans l'orientation, comme sans défaillance dans la structure. Une semblable continuité d'élévation ne se rencontre nulle part ailleurs en Europe, si ce n'est aux confins de l'extrême orient, dans la région russe du Caucase. Les cols, descendant rarement au-dessous de 2.000 mètres, sont de faibles échancrures, et les sommets, se distinguant mal des hauteurs environnantes, apparaissent comme d'imperceptibles pointes posées sur un long rempart. Les premiers abaissent en des proportions insignifiantes la barrière opposée par la masse montagneuse aux relations des hommes; et l'individualité manque aux seconds. Aussi, les deux seuls passages permettant de se rendre facilement d'un versant à l'autre ne se trouvent-ils qu'aux extrémités : à l'orient, entre Perpignan et Barcelone; à l'occident, entre Bayonne et Madrid. De l'un à l'autre, la distance, en ligne droite, n'est pas inférieure à 450 kilomètres.

A l'époque romaine et au moyen âge, tant que le centre de gravité du monde historique resta dans le bassin méditerra-

---

1. Voir plus loin *Croquis des Pyrénées*, p. 36.

néen, la route de Perpignan fut la seule fréquentée; mais, après la découverte de l'Amérique, le déplacement de la civilisation vers les rives océaniques donna à la route de Bayonne une importance qu'elle a conservée depuis. Elle la perdra le jour où la construction des trois lignes transpyrénéennes prévue dans un délai maximum de dix ans par la convention franco-espagnole de 1904 [1] sera un fait accompli.

Le voyageur qui a franchi l'un de ces passages est frappé du **contraste** offert par le versant qu'il découvre avec celui qu'il vient de quitter. Du côté de l'Espagne, les contreforts et les escarpements prolongent au loin le système pyrénéen; du côté de la France, la plaine commence au pied des monts. Ici, une pente brusque; là, une inclinaison lente ménageant la transition entre la région montageuse et la vallée de l'Èbre. C'est pourquoi, vues de chez nous, les Pyrénées paraissent plus imposantes et plus grandioses que de chez nos voisins. L'impression ressentie en France qu'elles « se sont dressées d'un jet hors d'une fissure de la terre [2] » s'efface, en Espagne, au spectacle des ramifications. En revanche, l'Espagne doit à ces dernières d'être admirablement conformée pour la défensive. L'histoire des guerres de Napoléon prouve que jamais l'invasion ne pourra mordre sur les roches castillanes à la condition qu'il s'y trouve quelques soldats pour les défendre. Au contraire, les vallées françaises ouvrent à l'ennemi des chemins directs et faciles vers Toulouse et Bordeaux. C'est dire qu'elles sont orientées perpendiculairement à l'axe du soulèvement. Dans les Pyrénées, les vallées *transversales* sont, en effet, la règle ; les *longitudinales*, l'exception.

La forme régulière de la chaîne et l'absence complète de contreforts donnent l'explication des lignes presque droites suivant lesquelles les villes se sont construites dans la plaine française. Tracez *trois lignes parallèlement aux crêtes*, à une égale distance de 20 kilomètres, et vous aurez sur la première les petits bourgs, les postes militaires, les stations balnéaires comme Eaux-Chaudes, Cauterets, Barèges, Bagnères-de-Luchon ; sur la seconde, les villes secondaires, Mauléon, Oloron, Lourdes, Bagnères-de-Bigorre, Montréjeau, Saint-Girons.

1. D'Ax à Ripoll, d'Oloron à Quéra, de Saint-Girons à Lérida.
2. E. Reclus.

Tarascon, Prades, Céret ; sur la troisième, les grandes villes, Bayonne, Pau, Tarbes, Saint-Gaudens, Foix et Perpignan.

3. Les Alpes. — Tout autre est la structure des **Alpes** [1] (hauteur moyenne, 1.000ᵐ ; hauteur maxima, **4.810ᵐ** au *mont Blanc*). L'axe rectiligne est remplacé ici par un *demi-cercle* immense ; le mur élevé et continu par une série de massifs dressés sur un socle commun, mais que des cols, descendant souvent au-dessous de 2.000 mètres, séparent les uns des autres. Tels le *col de l'Argentière* (1.995ᵐ), suivi par une route carrossable de Barcelonnette à Coni ; le *col du mont Genèvre* (1.854ᵐ), dont la route également carrossable conduit de Briançon à Suse ; le *col de l'Échelle*, au sud du Thabor (1.790ᵐ), le plus bas de la frontière franco-italienne, mais encore dépourvu de grande route ; le *col du mont Fréjus*, sous lequel passe, à 1.250 mètres d'altitude moyenne, grâce au tunnel percé par l'ingénieur Sommeiller, la ligne ferrée de Chambéry à Turin ; ceux du *mont Cenis* (2.082ᵐ) et du *Petit Saint-Bernard* (2.157ᵐ), conduisant de Lans-le-Bourg à Suse et de Saint-Maurice à Aoste. La *différence de hauteur* entre les sommets et les cols est donc plus marquée dans les Alpes que dans les Pyrénées. Alors que les géants alpestres dépassent les plus hautes cimes pyrénéennes, les cols s'abaissent à des niveaux inconnus à la frontière espagnole.

Au contraire des Pyrénées, les Alpes tombent à pic du côté de l'Italie et s'étagent en terrasses sur le versant français jusqu'à la vallée du Rhône. Une armée d'invasion engagée sur ces terrasses y est aussi mal à l'aise que sur les escarpements aragonais et catalans. Les vallées qui accompagnent les lignes de soulèvement se répartissant, comme elles, en plusieurs directions, rien n'est plus difficile aux généraux que d'y combiner leurs mouvements. Aux xviᵉ et xviiiᵉ siècles, Charles-Quint et le prince Eugène en firent l'expérience à leurs dépens. Aux vallées transversales et convergentes du versant français des Pyrénées correspondent, dans la France alpestre, des vallées

---

1. Voir plus loin *Croquis des Alpes*, p. 39.

longitudinales et divergentes. Il résulte de là que les Alpes sont pour nous une aussi bonne frontière naturelle que les Pyrénées pour l'Espagne.

La variété d'orientation des massifs et des vallées n'a pas permis aux hommes de disposer leurs villes suivant des lignes aussi régulières qu'ils l'ont pu faire dans la partie supérieure des bassins de l'Adour, de la Garonne et de l'Aude. Il faut descendre assez bas, jusqu'à mi-chemin vers la vallée du Rhône, pour rencontrer une ligne dont la courbe, passant par Annecy, Chambéry, Grenoble, Gap, Digne, Nice, rappelle assez fidèlement le demi-cercle tracé par le soulèvement.

4. Le Jura. — Datant des mêmes âges terrestres que certains des contreforts des Alpes qui l'avoisinent au sud, le **Jura**[1] (hauteur moyenne, 500^m; hauteur maxima, **1.723**^{m} au *Crêt de la Neige*) offre un nouveau et troisième type de système à chaîne. Il n'est composé ni d'une chaîne maîtresse, comme les Pyrénées, ni d'un long chapelet de massifs à base commune, comme les Alpes. Semblable aux montagnes de Bosnie et d'Herzégovine ou aux Alleghanys d'Amérique, il consiste en remparts distincts, parallèles, reposant sur un plateau incliné de l'est à l'ouest, et si semblables entre eux qu'il est impossible d'y distinguer ce qui est principal et ce qui est subordonné. Ces remparts, d'inégale élévation, ont été maintes fois comparés aux « vagues successives de la mer assiégeant le rivage », aux plis d'une « étoffe froissée », aux sillons d'un « champ nouvellement labouré par la charrue ».

Ils sont divisés en tronçons par de profondes coupures transversales appelées *cluses*. Les vallées *longitudinales*, allongées dans le sens de la chaîne, sont les *combes*. Cluses et combes recueillent les eaux d'un grand nombre de lacs à forme ovale ou très allongée, comme les *lacs de Châlin* ou *de Nantua*, dont les émissaires se vident dans l'Ain. Les cluses servent encore de passage aux rivières et aux ruisseaux pour se rendre d'une vallée dans une autre ; elles donnent çà et là au cours de l'Ain

---

1. Voir plus loin *Croquis du Jura*, p. 41.

l'aspect d'un fleuve à demi souterrain ; et ce n'est qu'après avoir échappé à leurs étranglements que le Doubs finit par se joindre aux eaux tributaires de la Méditerranée.

Tout cela ne rend pas le Jura facile à traverser. Escalader un rempart, le descendre pour en remonter un autre qu'il faut descendre à son tour, et ainsi de suite jusqu'à l'extrême bord du talus, est une opération à la fois pénible et longue. Ajoutez que la hauteur des cols, comparée à celle des crêtes, est très élevée, le Jura ressemblant, sous ce rapport, aux Pyrénées plus qu'aux Alpes. Voilà pourquoi, avant le percement des routes, c'était à ses extrémités, par la trouée du Rhin au nord, par celle du Rhône au sud, que se faisaient les opérations militaires ainsi que la plupart des transactions commerciales. Malgré le voisinage géographique, Besançon et Neufchâtel étaient alors aussi éloignés l'un de l'autre que Toulouse et Saragosse, Foix et la Seu-d'Urgel le sont encore aujourd'hui. Plus de vingt routes carrossables et cinq lignes ferrées ont rapproché les deux versants, mais à quels frais et au prix de quels travaux ! Citons, parmi les premières, celles de Saint-Claude[1] à Gex par le *col de la Faucille*, de Champagnole à Nyon par le *col de Saint-Cergue* ; parmi les secondes, celles de Lyon à Genève passant en tunnel sous le *Grand Crêt d'Eau*, de Pontarlier à Neufchâtel par le *val de Travers*, de Besançon au Locle et à la Chaux-de-Fonds par le *col des Brenets*.

A remarquer l'aspect des pics jurassiques qui ne rappelle ni celui des pics pyrénéens, redressement de roches plus ou moins perceptible au-dessus du niveau moyen, ni celui des pics alpestres à la masse compacte, à la forme trapue. Le langage populaire, en les désignant par les appellations de *dents* ou de *crêts*, a traduit l'impression produite par leur profil sur les hommes qui les contemplent. Du bas des plaines ils apparaissent, en effet, comme la dentelure d'une scie ou les crêtes d'un haut rempart.

1. Voir gravure n° 2.

5. Les Vosges. — Séparées du Jura par la trouée de Belfort, les **Vosges** [1] (hauteur moyenne, 1.000^m; hauteur maxima, 1.428^m au *Guebwiller*) sont une chaîne moins bien caractérisée que les précédentes. Leur structure rappelle, par certains traits, celle des plateaux. Elles complètent, d'ailleurs, à l'ouest du continent, la série des hauts plateaux européens. Les *chaumes* sont les parties de la montagne affectant plus particulièrement la forme de plateau. Les *ballons* sont les sommets arrondis de la chaîne. Entre la hauteur des ballons et celle des cols, la différence est peu marquée; l'altitude moyenne du soulèvement est donc considérable et peu en rapport avec celle des cimes culminantes; c'est un point de ressemblance avec les Pyrénées. Mais, par leur disposition générale, les Vosges, rappellent plutôt les Alpes. Elles s'abaissent, comme elles, en pentes douces du côté de la France, formant trois étages que les gens du pays appellent la *montagne*, la *voge*, la *plaine*, tandis que, de l'autre côté, elles s'élèvent brusquement au-dessus de la vallée. La principale route des Vosges, donnant accès des vallées de la Moselle et de la Meurthe dans la vallée du Rhin, est celle de *Saverne*. Elle appartient à l'Allemagne depuis nos désastres de 1870. Elle est suivie par le chemin de fer de Paris à Strasbourg et le canal de la Marne au Rhin.

6. Le Massif Central. — Bien que d'une altitude moyenne inférieure à celle des Pyrénées et des Alpes (hauteur moyenne, 500^m; hauteur maxima, 1.886^m au *Puy de Sancy*), le **Massif Central** [2] oppose, par son épaisse largeur, à la marche des peuples comme aux échanges du commerce, un obstacle difficilement franchissable. A cet égard, il est, pour la défense nationale, d'un inappréciable prix. Il n'est pas vrai que Paris soit le réduit de cette défense : Paris pris, il reste aux défenseurs du pays les rudes roches granitiques de la France centrale, où la tradition de Vercingétorix serait reprise par ses descendants. La

1. Voir plus loin *Croquis des Vosges*, p. 43.
2. Voir plus loin *Croquis du Massif Central*, p. 51.

plate Allemagne a pu être traversée de part en part après Iéna
et Awerstaedt. En forçant l'invasion à s'arrêter ou à se diviser,
en rendant impossible la jonction des armées qui l'attaqueraient
par des frontières éloignées, le Massif Central empêchera que la
France subisse jamais la honte d'une promenade militaire
comme celle de 1806. Il offre toutefois un petit nombre de brèches
et de passages propres à faciliter les rapports de l'un à l'autre
versant. Ainsi, entre le massif du Morvan et le reste des hautes
terres, les vallées des affluents de la Saône et de la Loire en-
taillent profondément les monts du Beaujolais; on a même pu,
en suivant celles de la Bourbince et de la Dheune, joindre, par
un canal, Digoin et Chalon. La plaine de la Limagne que parcourt
l'Allier ouvre aussi un chemin à travers les Cévennes par la
dépression de Villefort dans la direction de la Cèze, c'est-à-
dire du Rhône et de la Méditerranée; on y a établi le chemin
de fer de Clermont à Nîmes. Il n'est pas jusqu'aux monts du
Cantal à travers lesquels on ait réussi à construire, à plus de
1.100 mètres d'altitude, une double voie carrossable et ferrée.
On a utilisé, pour cela, le sillon creusé d'un côté par la Cère,
affluent de la Dordogne, de l'autre par l'Alagnon, affluent de
l'Allier; la *trouée du Lioran* ouvre une porte sur la région
garonnaise.

7. Les principaux glaciers. — Ce qui vient d'être dit de la
hauteur et de la structure de nos cinq plus importants soulèvements permet de comprendre comment et dans quelle mesure
les neiges persistantes, graduellement transformées en glace,
se répartissent sur leurs sommets ou leurs pentes. Les Alpes
et les Pyrénées sont seules assez hautes pour conserver leur
glace pendant la chaleur des étés. Mais un massif largement
étalé se prête aux accumulations plus qu'une crête continue.
Aussi les Alpes sont-elles plus riches en glace que les Pyrénées. La *mer de Glace* du mont Blanc couvre une surface de
282 kilomètres carrés. Dans le Dauphiné, le *glacier Blanc*, le
glacier Noir et surtout le *glacier de la Pilatte*, rangés autour
du Pelvoux, le cèdent à peine en importance au roi des glaciers

européens. Bien inférieurs sont ceux des Pyrénées, puisqu'ils ne dépassent jamais 40 à 45 kilomètres carrés. De plus, il est rare qu'ils affectent, comme dans les Alpes, la forme d'un fleuve. Sur le versant septentrional, entre Bagnères-de-Luchon et la vallée du Lys, se rencontre une bande glacée sur laquelle, en plein midi, au plus fort de l'été, on peut faire 12 à 13 kilomètres en ligne droite. Mais qu'est cela en comparaison du glacier alpestre des *Bossons*, descendu du mont Blanc jusqu'à l'altitude de 1.200 mètres ?

LECTURE

1. *Le percement du tunnel du col de Fréjus, improprement nommé du mont Cenis.* — « L'inauguration des travaux eut lieu le 31 août 1857, du côté nord, ou de Modane, en présence du roi Victor-Emmanuel et de Cavour. La première mine fut allumée par le roi au moyen d'un fil électrique, et, le 14 novembre suivant, on alluma également la première mine du côté sud, ou de Bardonnèche. On commença à travailler péniblement à la main, le forage marchant lentement, pas plus vite que dans une galerie de mine. Les événements de la guerre d'Italie vinrent d'ailleurs quelque temps ralentir les travaux.

« En janvier 1861, c'est-à-dire après trois ans et quatre mois, le forage du mont Cenis n'avait guère avancé que de 725 mètres du côté de Bardonnèche, soit de $0^m,63$ par jour ; il est vrai qu'on ne marchait encore qu'avec des fleurets à main.

« Mais, à cette date, on installa à Bardonnèche la première machine perforatrice de Sommeiller, son bélier compresseur. Par suite de toutes les difficultés du début, de l'insuffisance des ouvriers, on n'avait fait avec une série de ces machines, à la fin de 1861, que 170 mètres ou $0^m,45$ par jour, un tiers de moins qu'avec le travail à la main. L'époque des tâtonnements allait pourtant bientôt finir ; tous les perfectionnements étaient enfin trouvés. On put désormais percer avec de nouvelles machines perforatrices de Sommeiller mues par l'air comprimé soixante trous à la fois, et chaque foret perçait un trou dix fois plus vite que le fleuret à main. En 1862, on fit ainsi à Bardonnèche plus de 1 mètre par jour ; en 1863, $1^m,16$; en 1865, $1^m,70$; enfin, en 1870, $2^m,42$; pendant quelques jours on atteignit même un avancement maximum de 3 mètres.

« Du côté de Bardonnèche, de 1857 à 1870, on a creusé 7.080 mètres de tunnel et, du côté de Modane, 5.153 mètres : soit, en tout, 12.233 mètres, qui représentent la longueur totale du tunnel du mont Cenis. Ce n'est pas au milieu du tunnel, mais à 1.000 mètres plus près de l'entrée nord ou de Modane, que s'est faite la rencontre. On a mis treize ans et quatre mois pour cet avancement total, car c'est le 25 décembre 1870 que la sonde a traversé la dernière masse rocheuse qui séparait les deux galeries. La rencontre s'est faite presque mathématiquement, avec une déviation insignifiante de $0^m,40$, tant les précautions avaient été minutieusement prises. En tenant compte des dates extrêmes, du 31 août 1857 et du 25 décembre 1870, soit treize ans et quatre mois, cela donne, pour l'avancement journalier moyen dans le tunnel du mont Cenis, $2^m,60$. Pendant tout ce temps, quinze à dix-huit cents ouvriers ont été occupés dans le tunnel. Le travail y a été bien difficile, parfois très périlleux, et la température souvent intolérable : 30 degrés et demi dans un air très humide. L'anémie a fait un assez grand nombre de victimes.

« C'est seulement dans le courant de 1871 que tous les travaux du mont Cenis et de ses abords ont été entièrement achevés. La première locomotive franchit le tunnel en août. Le 11 juillet, Sommeiller était mort, emporté par une maladie de cœur, à la suite des fatigues incessantes qu'il avait endurées pendant tout le temps de l'exécution du tunnel. Il ne put assister à son triomphe. « Je suis perdu », disait-il à son médecin. — « Vous qui avez percé la grande montagne, vous surmonterez cette épreuve », répondit l'autre. — Mais lui : « Non, le poumon est fermé. » Et, très peu de jours après, il expira.

« Le tunnel du mont Cenis, qui fait communiquer Paris avec

Turin, la France avec l'Italie, a 10 mètres d'ouverture ou de diamètre. Il est à une hauteur de 1.335 mètres au point le plus élevé, au milieu du tunnel. A Bardonnèche, l'altitude est de 1.251 mètres; à Modane, de 1.159. La rampe du tunnel est de 22 millimètres par mètre à partir de l'entrée nord en venant de France, et sur 6.110 mètres; et la pente est de 5 dixièmes de millimètre par mètre, et presque insensible sur les autres 6.110 mètres, en allant vers Bardonnèche. Il en résulte que la pente générale du tunnel va de la France vers l'Italie et que c'est comme une énorme cheminée dont le tirage se fait dans ce sens. L'air y est toujours bon, jamais trop chaud. On met vingt-cinq minutes pour la traversée du tunnel en allant dans le sens de la Drenta, et à peu près le même temps dans l'autre sens. » (Simonin, *Revue des Deux Mondes*, août 1884.)

2. *Le Massif Central, réduit de la défense nationale.* —
« Le Massif Central a les caractères d'un immense réduit.

« Les grandes voies de communication qui relient les trois bassins principaux de la France, contournent ce massif en formant un triangle qui l'enveloppe comme un chemin de ronde; les trois côtés de ce triangle sont la voie du sud-ouest de Paris à Bordeaux par le seuil de Poitiers, la voie du sud-est par la Seine, l'Armançon, la Saône et le Rhône, enfin la ligne du midi reliant les deux autres par Toulouse, Carcassonne et Nîmes.

« Presque toutes les cités dont les noms rappellent de grands événements sont situées sur l'un des côtés de ce triangle; il suffit de mentionner Orléans, Blois, Tours, Poitiers, Angoulême, Bordeaux, Toulouse, Carcassonne, Béziers, Montpellier, Nîmes, Arles, Avignon, Lyon, Chalon, Dijon, Sens; les routes qui les unissent dessinent les courants principaux de la vie nationale, comme le démontre encore aujourd'hui le simple examen de la carte statistique des chemins de fer. Sur ces routes historiques, que les piétons parcouraient seuls autrefois, les villes sont, en général, situées à deux étapes l'une de l'autre, et les étapes intermédiaires sont marquées par des localités moins considérables. C'est l'ancien itinéraire du **tour de France.**

« Au centre du Massif Central, des bassins fermés, anciens lits de lacs, la Limagne, le Livradois et la plaine du Forez, forment des places d'armes où des armées pourraient venir se refaire à l'abri d'excellentes positions défensives.

« On a parfois pensé à établir à Clermont l'arsenal central de la France, à y élever des fortifications, et à en faire une sorte de réduit dans le réduit. La ville elle-même serait difficile à défendre parce qu'elle est dominée, mais c'est la Limagne entière qu'il s'agirait de protéger contre une attaque. Dans ces conditions, on trouverait, aux environs de Saint-Pourçain, d'excellentes positions qui commandent les routes venant du nord, c'est-à-dire du côté dangereux. » (Niox, *Géographie militaire*, *France*, **Chapelot et Cie**, éditeurs.)

Leçon III

Les Montagnes *(Suite)*. — Description. — Systèmes à forme de chaîne.

RÉSUMÉ. — **1. Pyrénées.** — Dans les **Pyrénées,** on distingue deux sections séparées par la percée de la Garonne : les **Pyrénées méditerranéennes** et les **Pyrénées atlantiques.** Le *Canigou* (2.787^{m}), le *Puigmal* (2.909^{m}), le *Montcalm,* · le *Mont-Vallier* qui dépasse 3.000 mètres sont les principaux sommets des premières. Le *Nethou* (3.404^{m}), géant de la chaîne, le *Posets* [illegible] sur le territoire espagnol, et le *Vignemale* (3.290^{m}), dressé sur le territoire français, sont les principaux sommets des secondes. Il n'est guère de beauté plus pittoresque que celle du cirque français de *Gavarnie.*

2. Alpes. — Dans les **Alpes,** on distingue trois sections auxquelles se rattachent respectivement trois contreforts : les **Alpes**

maritimes avec leur *contrefort de Provence*, les **Alpes Cottiennes** avec leur *contrefort du Dauphiné*, les **Alpes Grées** avec leur *contrefort de Savoie*. Les monts les plus élevés sont : dans la première section, le *Viso* (3.840ᵐ) : dans la seconde, le *Genèvre*, le *Thabor*, le *Cenis*; dans la troisième, le *mont Blanc* (4.810ᵐ). géant de la chaine. Les contreforts donnent aux trois provinces qu'ils couvrent leur aspect particulier. La haute Provence n'offre qu'un chaos de masses calcaires généralement dépourvues d'arbres et ravinées par les torrents. D'aspect plus riant, plus vert, le Dauphiné possède à la *Barre des Ecrins* (4.103ᵐ) la cime la plus fière des Alpes françaises. La Savoie est le pays des lacs alpestres dominés par les pentes du *Semnoz*, du *Parmelan* et de la *Tournette*; c'est une Suisse en France.

3. Jura. — Avec ses rangées parallèles couvertes de sapinières, le **Jura** est plus monotone d'aspect et plus sombre. Toute beauté n'a cependant pas été refusée à ses vallées profondes ni toute grandeur à ses crêts. Le plus haut d'entre eux, le *Crêt de la Neige*, atteint 1.723 mètres.

4. Vosges. — Les **Vosges** ne s'élèvent pas, au ballon de *Guebwiller*, leur point culminant, au-dessus de 1.428 mètres.

Récit. — **1. Pyrénées.** — On a quelquefois divisé les Pyrénées en trois sections, orientale, centrale, occidentale, en se basant sur la différence des altitudes dans les diverses parties du système. La division en deux sections, Pyrénées *méditerranéennes* et Pyrénées *atlantiques*, nous paraît préférable. Elle est basée sur l'architecture extérieure, sur l'architecture profonde, sur l'opposition de climat, sur la différence d'aspect. En effet, si bien rythmé que soit le vaste ensemble de la chaîne, une sorte de rupture se présente au milieu, à l'endroit où naissent les premières eaux de la Garonne, à égale distance de l'Atlantique et de la Méditerranée. Ici, des formations granitiques ; là, des terrains crétacés, jurassiques et schisteux. Du côté de l'Atlantique, l'humidité est considérable, mais décroît graduellement dans la direction de la Méditerranée, si bien que, de ce côté seulement, les montagnes sont revêtues de terre végétale, tandis qu'à l'autre bout la roche montre à peu près partout des aspérités entre des touffes d'herbes et de broussailles.

a. **Pyrénées méditerranéennes.** — Emergeant brusquement des eaux marines au cap Creus, les *Albères* doivent leur

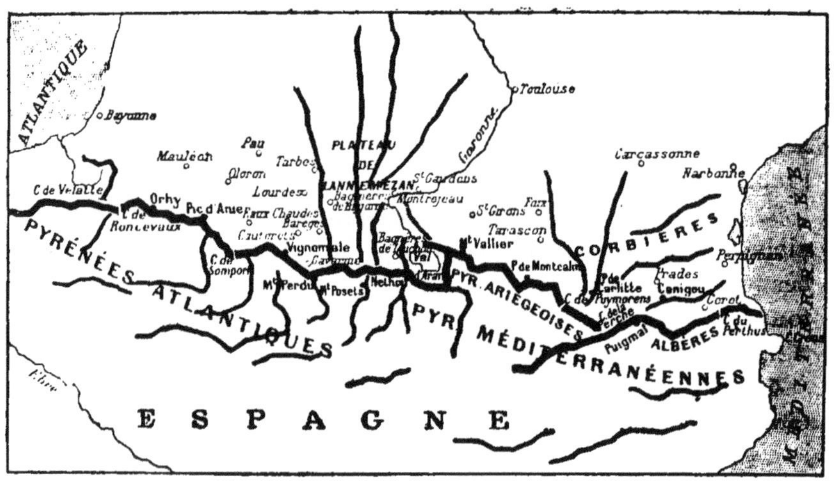

CRÓQUIS 2. — Les Pyrénées.

nom à la blancheur que l'absence de végétation donne à leurs roches. Le col du *Perthus* les coupe à 290 mètres d'altitude. Les montagnes plus hautes qui les prolongent à l'ouest atteignent **2.787** mètres avec le *Canigou*, sorte de promontoire isolé de trois côtés, et **2.909** mètres avec le *Puigmal*. L'isolement du Canigou le fit longtemps passer pour la cime maîtresse. On l'aperçoit de si loin, de France, d'Espagne, de la Méditerranée, qu'on ne lui croyait aucun rival. Et cependant, sans parler des hauteurs les plus superbes, un pic voisin, le *Carlitte*, dont le sépare la dépression de la *Perche*, le dépasse de **133** mètres. **Plus élevées encore sont les cimes des Pyrénées ariégeoises,**

Montcalm, *Mont-Vallier*, oscillant entre **2.800** et plus de **3.000** mètres. Cette partie des Pyrénées est celle où la forme normale de la chaîne se trouve le mieux représentée. L'arête y est continue, sans cols ni échancrures notables ; et rien, depuis le col de *Puymorens* jusqu'au val d'Aran, n'en vient altérer l'inflexible régularité.

b. **Pyrénées atlantiques.** — Les Pyrénées atlantiques présentent les points culminants du système : le *Nethou*, principale aiguille de la Maladetta (**3.404**ᵐ), le *Posets* (**3.367**ᵐ), le *Perdu* (**3.352**ᵐ). Difficiles à l'escalade, ils n'ont pu être gravis et complètement étudiés qu'à notre siècle : le Perdu en 1802, le Nethou en 1842, le Posets en 1856. Tous les trois appartiennent à l'Espagne. En revanche, la France a le *Vignemale*, la plus haute montagne des Pyrénées françaises (**3.290**ᵐ) et le magnifique amphithéâtre de ces cirques gigantesques dont E. Reclus a dit que les gradins semblent avoir été faits pour une assemblée de Titans (*Troumouse*, *Estaubé*, *Gavarnie*). Mais avec les montagnes basques l'altitude diminue sensiblement : les pics d'*Anie* et d'*Orhy* n'ont plus rien qui rappelle la majesté des précédents ; les **cols de** *Somport*, **de** *Roncevaux*, et surtout le *col de Velatte*, sont de profondes entailles d'une montagne qui va s'abaissant aux abords de l'Océan.

Des Pyrénées méditerranéennes partent les *Corbières*, qui se prolongent jusqu'à Carcassonne et Narbonne. Des Pyrénées atlantiques se détache le *plateau de Lannemezan*, dont les lignes s'écartent en forme d'éventail entre les affluents de gauche de la Garonne et de l'Adour. Mais ces hauteurs, très secondaires, sont des accidents dans la plaine. On sait que la France n'est pas le pays des contreforts pyrénéens.

2. Alpes. — L'étude de la chaîne maîtresse doit être menée de front avec celle des contreforts. Si les cols permettent d'établir trois sections dans la chaîne, les vallées séparent les contreforts en trois groupes correspondant aux trois sections : **Alpes Maritimes,** du col de Tende au col d'Agnello, avec le *contrefort des Alpes de Provence* entre le littoral méditerranéen et la vallée de la Durance; **Alpes Cottiennes,** du col d'Agnello au col du mont Cenis, avec le *contrefort des Alpes du Dauphiné* entre la vallée de la Durance et la vallée de l'Isère; **Alpes Grées,** du col du mont Cenis au col de la Seigne, avec le *contrefort des Alpes de Savoie* entre la vallée de l'Isère et la vallée du Rhône.

a. **Alpes maritimes.** — Elles doivent leur nom à leur proximité de la mer, dont elles ne sont séparées que par une route étroite et pittoresque, la *Corniche.* A part le massif de *l'Enchastraye* et *l'aiguille de Chambeyron,* les cimes culminantes, comme le *Viso* (3.840^m) que Pline croyait être le plus haut sommet, s'élèvent en terre italienne. En *Provence,* c'est un chaos de masses calcaires d'aspect sauvage, généralement dépourvues d'arbres, ravinées par des torrents aux crues redoutables et s'abaissant progressivement de 3.000 mètres avec le *mont Pelat* à moins de 800 mètres avec l'*Esterel* et les *monts des Maures.* Ces deux derniers soulèvements, de formation granitique, tranchent dans la zone calcaire.

b. **Alpes Cottiennes.** — Elles sont ainsi nommées d'un préfet des Allobroges, Cottius, auquel l'empereur Auguste avait confié la garde de leurs passages. De structure moins compliquée que les précédentes, elles se composent de deux massifs allongés en chaînes. Le plus oriental porte le nom d'*Alpes Cottiennes;* le plus occidental celui d'*Alpes du Dauphiné.* Cette fois les points culminants se dressent sur le territoire français : *mont Genèvre, mont Thabor* qui marque l'angle rentrant le plus prononcé de la chaîne en France, *mont Cenis.* Mais là ne sont pas encore les grandes hauteurs. Les massifs dauphinois des *Grandes-Rousses* et du *Pelvoux* dépassent respectivement, avec les *Aiguilles d'Arves* et la *Barre des Écrins,* **3.500** et **4.000** mètres. C'est la plus haute altitude des Alpes françaises.

c. **Alpes Grées.** — Leur nom vient d'un vieux mot celtique « grai », signifiant « pointe », « haut sommet ». Il n'est pas, en effet, dans le vaste système, de plus haut sommet que le **mont Blanc** (4.810^m). Et cependant voici venir le jour où, après

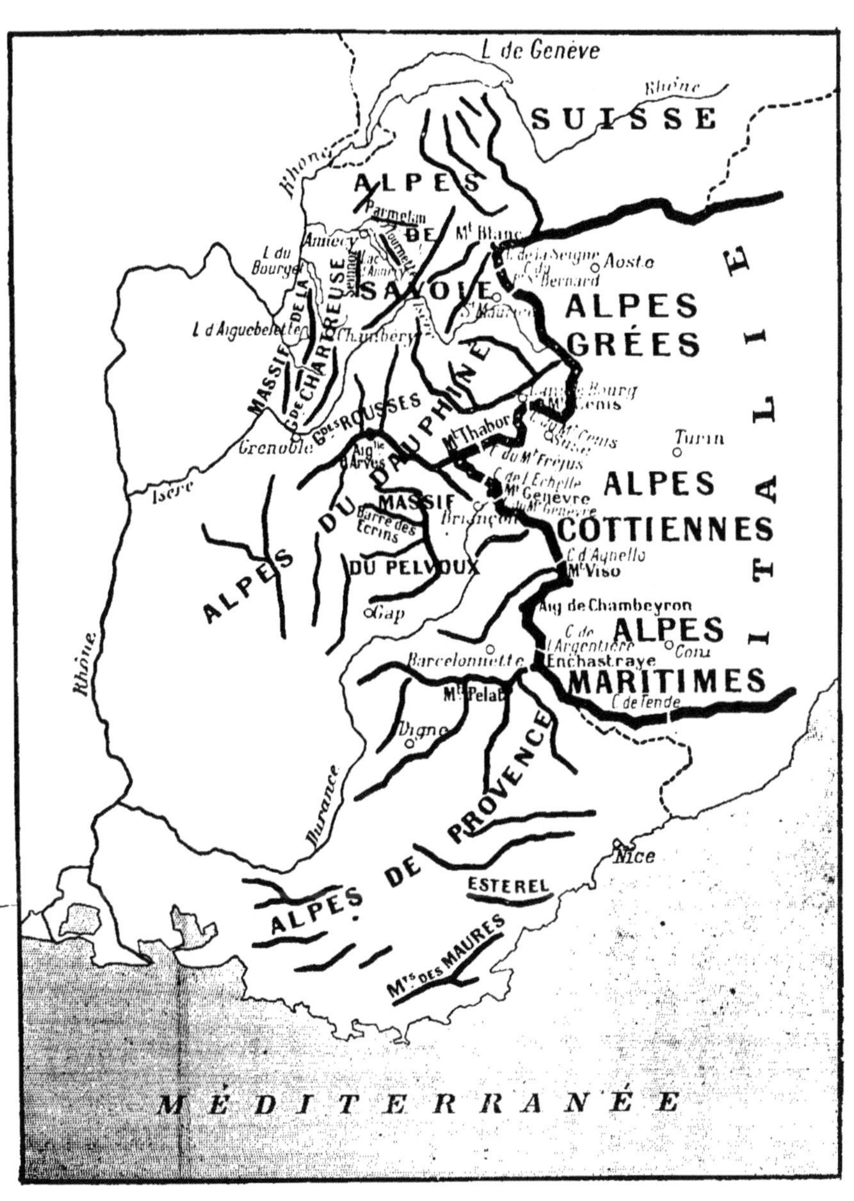

CROQUIS 3. — Les Alpes.

être resté jusqu'en 1786 vierge de toute escalade, le géant alpestre va être sillonné par un chemin de fer. Entreprise unique au monde! Le mont Blanc ne doit sa réputation ni à la largeur de sa base ni à la valeur des eaux qui rayonnent de son centre. Du moins, il ne saurait, à ce double point de vue, être mis en comparaison avec le mont Rose ni avec le Saint-Gothard. Mais, dans sa faible étendue relative, il est un monde de neiges et de glaces. Les noms de Saussure, de Rendu, de Forbes, de Tyndall resteront à jamais associés aux noms de ses glaciers.

Beaucoup plus riantes d'aspect que les montagnes de Provence et possédant des lacs (*Genève, Annecy, Bourget, Aiguebelette*) qui manquent au Dauphiné, les *Alpes de Savoie* sont représentées par le massif de la *Grande Chartreuse*, le *Semnoz*, le *Parmelan* et la *Tournette*. Il suffit de les parcourir, d'en admirer les silhouettes aux couleurs variées, blanches ou verdoyantes, pour comprendre qu'elles aient pu inspirer les romanciers, notamment André Theuriet. La Savoie est une Suisse en France. On se demande vraiment ce qu'en poussant plus loin les touristes vont chercher de plus beau.

3. Jura. — Les Alpes de Savoie forment une transition naturelle entre les grandes Alpes et le **Jura**. En maints endroits, dans la région du Rhône et du Bourget, on observe une sorte de croisement entre les deux systèmes orographiques. Telle montagne, comme la *Dent du Chat*, peut être classée dans l'un avec autant de raison que dans l'autre. Mais, au nord du Rhône, la structure particulière au Jura se dessine plus nettement. Le voyageur a conscience qu'il pénètre dans une région différente. Il s'engage dans les chaînons parallèles, s'enfonce dans les combes, évite les étranglements des cluses. Devant lui se dressent presque à chaque pas les cheminées de quelque usine, les ailes de quelque moulin. Le long des pentes, il se perd en de vastes sapinières qui donnent sinon les meilleurs, du moins les plus beaux sapins de l'Europe. Les forêts, voilà la principale richesse du Jura dont les points culminants sont le

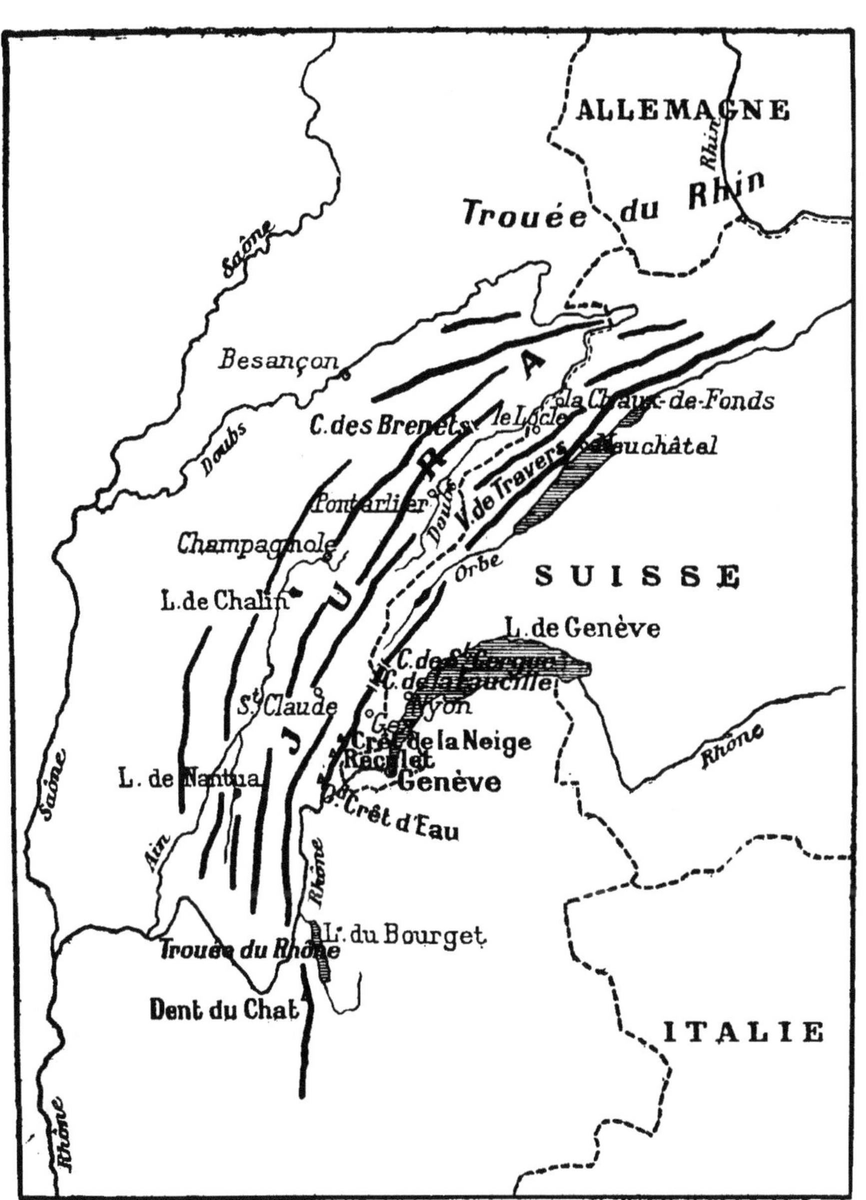

Croquis 4. — Le Jura.

Grand Crêt d'Eau (**1.600ᵐ**), le *Reculet* (**1.720ᵐ**), le *Crêt de la Neige* (**1.723ᵐ**).

On a vu plus haut que les cols ne sont que d'étroits passages, étranglés, pour ainsi dire, entre les roches. Tels le *col de la Faucille*, le *col de Saint-Cergue*, le *val de Travers*, le *col des Brenets*.

4. Vosges. — Au point de vue des forêts et des cours d'eau, les **Vosges** sont aussi bien aménagées, sinon mieux, que le Jura. « C'est, écrit **M. E. Risler** dans sa *Géologie agricole*, un modèle à imiter ailleurs, dans les Alpes comme dans les Pyrénées. Non seulement les lacs si pittoresques de Gérardmer, de Retournemer[1] etc., forment des régulateurs naturels, mais on a créé, au moyen de barrages, des lacs artificiels. Ce large vallon, pour ainsi dire, a son réservoir qui emmagasine les eaux de source et les utilise pour arroser ses prés. Quand il y a peu de culture, on se sert de la chute pour faire marcher la machine à battre ou la féculerie. Dans les principales vallées, l'industrie est venue se joindre à l'agriculture pour utiliser ces forces naturelles. Une partie des familles travaille dans les tissages, une autre partie dans les champs ou dans les bois et, grâce à cette union de l'industrie et de l'agriculture, la population vit dans l'aisance, malgré la rigueur du climat et la pauvreté naturelle du sol. »

Le *ballon de Guebwiller* (**1.428ᵐ**), le *Hohneck* (**1.366ᵐ**), le *ballon d'Alsace* (**1.260ᵐ**) et le *Donon* (**1.010ᵐ**), au delà duquel les deux versants ne sont plus terre française, sont les sommets les plus saillants.

Ils sont, en somme, peu de chose, en comparaison de leurs voisins des Alpes ou même du Jura ; mais, comme les cols qui les séparent sont à peine moins élevés qu'eux-mêmes, l'ensemble du système offre une barrière qui a sa valeur. Le *col de la Schlucht* ne descend pas à plus de 1.100 mètres ; ceux du *Bonhomme*, de *Sainte-Marie-aux-Mines* et de *Bussang*, quoique d'accès plus facile, se maintiennent encore à des hauteurs variant entre 734 et 950 mètres.

---

1. Voir photog. n° 8.

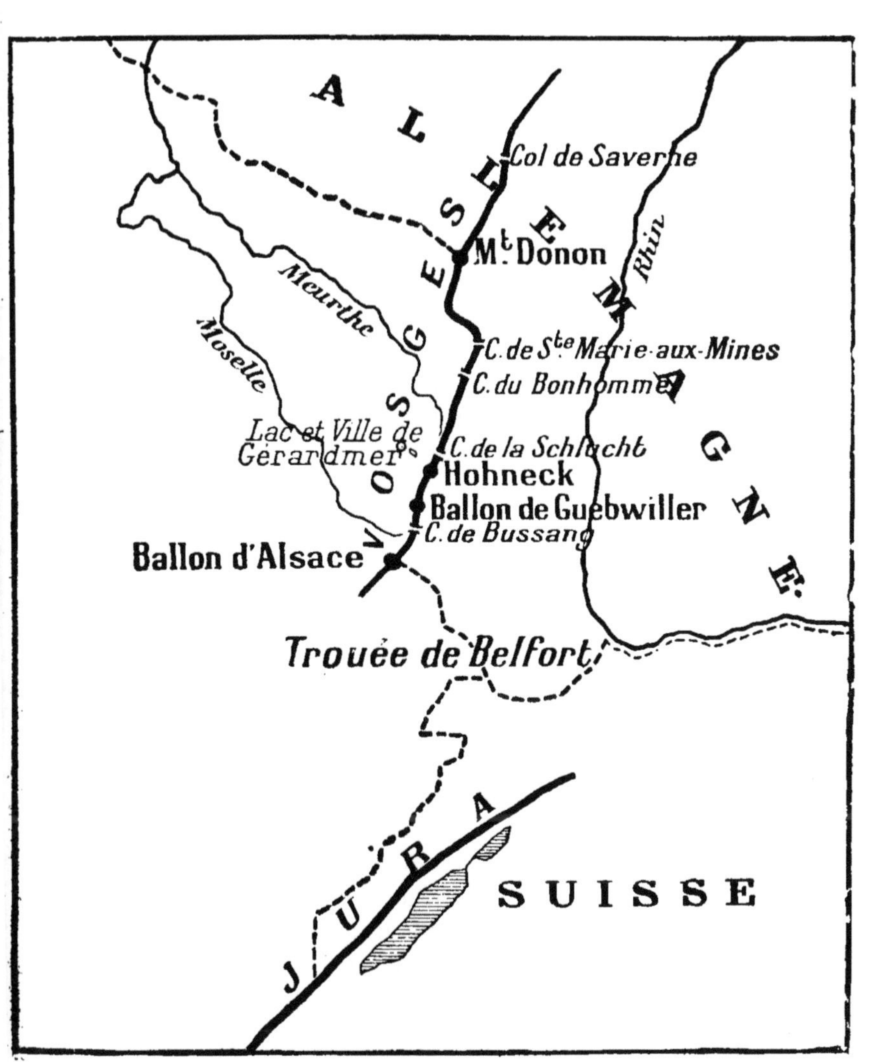

CROQUIS 5. — Les Vosges.

LECTURE

1. *Le lac d'Annecy et son décor* [1]. — « L'eau est d'un vert lustré et tendre. Des frissons, tantôt argentés et tantôt mordorés, la moirent à la moindre brise. Le soleil luit partout. A droite, il baigne l'énorme croupe allongée du Semnoz d'une blanche couleur très claire à l'endroit où les roches se dénudent, plus foncée et plus chaude aux places où s'épaississent des forêts de sapins ; à gauche, dans la verdure, il fait pétiller des pointes de clochers de villages, des murs blancs et des toits de vendangeoirs disséminés dans les vignes.

« Vers le fond du lac, cinq plans de montagnes s'échelonnent et s'enchevêtrent, noyés de brumes transparentes qui veloutent les contours, arrondissent les arêtes, puis s'envolent en fumées blanches et vont former comme un chapeau de nuées autour des cimes les plus hautes. Déjà quelques-unes sont entièrement dégagées et découpent leurs crêtes hardies sur un azur éblouissant, qui semble les poudrer de sa lumière bleue ; le Parmelan s'allonge comme un rempart crénelé entre Annecy et Thônes ; la géante du lac, la Tournette, domine tout le paysage avec ses tours en ruine et ses formidables épaulements où scintillent des plaques de neige.

« La lumière attendrie du matin harmonise toutes ces lignes et fond dans une tonalité sans cesse changeante le vert phosphorescent des vignes, l'or des blés, la verdure épaisse des noyers trapus et le velours presque noir des sapins. Une brise légère traverse la nappe céruléenne du lac, y fait des risées couleur d'aigue-marine et apporte jusque sur le bateau l'odeur des vignobles qui commencent à fleurir.

« ... Le bateau longeait un haut promontoire boisé, qui semblait, ainsi qu'un mur à pic, fermer brusquement le lac. En face, sur une presqu'île bordée de peupliers et de marronniers, le château de Duingt, avec ses tourelles pointues et sa façade

1. Voir gravure n° 3.

blanche, s'avançait dans la verdure, comme pour achever de barrer l'entrée du petit lac... Le bateau doublait la pointe du promontoire et décrivait une courbe lente dans une anse bordée de vignes, au fond de laquelle les anciens bâtiments d'une abbaye de bénédictins, transformée en hôtel, dressent leurs toits bruns au-dessus de l'épaisse verdure d'un bois de marronniers. Entre les vignobles et les arbres des vergers, l'unique rue du village apparaissait, chauffant au soleil ses auvents hospitaliers, ses galeries de vieux bois fusé et ses toitures moussues.

« Au delà du village et des vignes, des pentes boisées et ravinées montaient en muraille verdoyante jusqu'aux roches en encorbellement où l'église de Saint-Germain est suspendue comme un nid de mouettes à une falaise ; puis des forêts résineuses succédaient aux cultures, des pâturages dorés de lumière se découpaient dans le velours sombre des sapins et se continuaient presque à pic, jusqu'aux assises rocheuses où les bastions de la Tournette contemplaient le fond du lac bleuissant et son cirque de montagnes harmonieusement groupées. » (André Theuriet, *Amour d'Automne*, **Lemerre**, éditeur.)

2. *La Grande-Chartreuse.* — « Il est peu de touristes qui ne connaissent l'imposant massif de la Grande-Chartreuse. Ces montagnes, autrefois presque inaccessibles, dépourvues de routes, dans lesquelles on ne pouvait pénétrer que par des défilés étroits, dont quelques-uns même étaient fermés par des portes, appartenaient, avant la Révolution, à l'ordre des Chartreux qui avaient conservé avec soin les belles forêts qui les couvraient. Devenues, à cette époque, propriété nationale, ces forêts ont été jusqu'ici préservées de la dent du bétail et exploitées avec méthode par les soins de l'administration forestière. Aussi présentent-elles les aspects les plus pittoresques et les plus grandioses. Quand, du sommet du Grand-Som ou du haut du Grand-Couloir, on promène ses regards sur les cimes qu'on a sous ses pieds et qu'entoure en demi-cercle la riante et fertile vallée du Graisivaudan, au milieu de laquelle coule l'Isère, on aperçoit une mer de verdure qui s'étale sur les flancs des montagnes. Partout où les détritus des plantes ont fourni quelques centimètres de terre végétale, une forêt de hêtres, de sapins et de mélèzes, a pris possession du terrain ; elle pénètre dans toutes les fissures, dentèle le ciel avec les flèches des arbres qui se profilent sur les sommets les plus élevés, s'accroche aux moindres saillies et court sur les corniches du rocher en traçant une raie verte sur le fond grisâtre de la muraille à pic. Sous le couvert des sapins et des mélèzes végète un fouillis de sorbiers, d'aunes rampants, de viornes, de sureaux, d'airelles et de toute cette multitude d'arbustes et d'arbrisseaux dont la flore alpestre est si bien pourvue. Parfois, des taches d'un vert moins sombre trouent le massif ou frangent la lisière supérieure de la forêt jusqu'au pied de l'escarpement rocheux ; ce sont des prairies pourvues d'un chalet, où, pendant l'été, vont pâturer les vaches du couvent. Partout la végétation maîtresse étreint le sol sous sa puissance ; des sources jaillissent dans toutes les dépressions, donnant naissance à des ruisseaux, qui coulent limpides et purs, sans entraîner jamais ni terre, ni rochers. C'est un paysage splendide, qui ne le cède en rien aux plus beaux que la Suisse peut offrir. » (Jules Clavé, *Le Reboisement des Alpes, Revue des Deux Mondes*, février 1881.)

3. *Le chemin de fer du mont Blanc.* — « La gare de départ du chemin de fer électrique du mont Blanc sera située sur le territoire de la commune de Rouches, à proximité de la ligne du Fayet à Chamonix, actuellement en construction. L'entrée en galerie aura lieu un peu en amont du hameau de Taconaz, à l'altitude de 1.100 mètres. La ligne suivra la crête le long du glacier de Taconaz, qui s'élève, par le pic du Grand-Béchard, sur l'aiguille du Goûter.

« On créera une galerie souterraine de 5.000 mètres de longueur depuis le pied de la montagne de Taconaz jusqu'au sommet de l'aiguille du Goûter à 3.843 mètres d'altitude. Elle passera dans l'intérieur de l'arête rocheuse reliant le Grand-Béchard à l'aiguille du Goûter. Des sortes de balcons seront établis sur divers points du trajet pour procurer aux voyageurs des aperçus sur les magnifiques points de vue que présentent les cimes et glaciers de la chaîne du mont Blanc.

« Une gare-hôtel sera établie sur le sommet de l'aiguille du Goûter pour permettre aux touristes d'y séjourner avec tout le confort possible. Cette station sera le point d'excursion sur le glacier. La ligne se dirigera directement sous le dôme du Goûter, dans la direction de l'observatoire Vallot, situé, comme chacun sait, sur le rocher des Bosses, à 4.362 mètres au-dessus du niveau de la mer. En ce point, on établira une nouvelle station.

« De cette altitude, pour parvenir aux petits Rochers Rouges, qui sont à 350 mètres au-dessous du sommet du mont Blanc et sont déjà en partie occupés par l'observatoire Jansen, on passera sous les rochers des Bosses. Ce sont les petits Rochers Rouges que l'on a choisis comme gare terminus, à 4.580 mètres de hauteur. De ce point au sommet du mont Blanc (4.810 mètres), il reste un parcours de 230 mètres ; il sera franchi à l'aide d'une pente douce sur laquelle circulera un câble-traîneau permettant de conduire les voyageurs de l'hôtel Terminus au point culminant du géant des Alpes.

« Le trajet total effectué par le chemin de fer à crémaillère et par le câble-traîneau sera de 10 kilomètres. La gare terminus sera souterraine et composée de nefs permettant la création d'hôtels-restaurants et de différentes industries. On y pourra assister, à l'abri de tout danger, aux révolutions atmosphériques qui, fréquemment, se produisent à ces altitudes. On assure qu'au mois de juillet 1902 les touristes seront transportés sur le dôme du Goûter à une hauteur de plus de 3.508 mètres. » (Marsillon, *Écho de la semaine*, 28 janvier 1900.)

Leçon IV

Les Montagnes (*Suite*). — **Description** (*Suite*). — **Systèmes à forme de massif et à forme de plateau.**

RÉSUMÉ. — **1. Forme de massif.** — Le **Massif Central** comprend quatre sections : un talus, une branche orientale, une branche médiane, une branche occidentale. Le talus est formé par les **Cévennes** (*Montagne Noire, Espinouse, Garrigues, nœud de la Lozère*) ; la branche orientale par les hauteurs situées entre la vallée de la Loire et les vallées du Rhône et de la Saône (*Vivarais, Lyonnais, Beaujolais, Charolais*) ; la branche médiane par les hauteurs situées entre la Loire et l'Allier (*Velay, Forez, Madeleine*) ; la branche occidentale par la *Margeride*, les *monts d'Auvergne* (*Cantal, Dore, Dômes*) et les *monts du Limousin*. Le *Puy de Sancy* (1.886^{m}) marque dans la chaine des Dore le point le plus élevé de la France centrale.

Les groupes montagneux épars dans la plaine sont de simples accidents dans le relief général du bas pays.

2. Forme de plateau. — Le **plateau de Langres**, coupé par de nombreux passages, est un médiocre obstacle. Le **plateau ardennais**, peu élevé, habité par une population clairsemée, a perdu en valeur économique et stratégique depuis que des coupes inconsidérées ont été pratiquées dans ses bois. Le **plateau lorrain** se distingue du précédent par sa variété plus riche de relief, mais ne le dépasse guère en altitude.

RÉCIT. — **1. Forme de massif.** — La forme indiquée plus haut du **Massif Central** légitime la division en quatre sections : le talus, la branche orientale, la branche médiane, la branche occidentale.

a. **Talus.** — Il est formé par les **Cévennes** allant du passage du Languedoc au nœud de la Lozère avec une direction générale sud-ouest nord-est et une altitude s'élevant progressivement de **1.210** mètres au mont Nore à **1.702** mètres au pic de Finiels. Sur ce parcours, les Cévennes portent différents noms.

La *Montagne Noire*, dominée par le *mont Nore* est la première
saillie. Viennent ensuite les *monts de l'Espinouse*, offrant
entre leurs deux versants la plus complète opposition de climat
et d'aspect : au sud, une pente brusque, des ruisseaux perma-
nents, des prairies, des arbres à l'épais feuillage ; au nord, une
inclinaison douce, des torrents, des terrains pierreux, des
arbres rabougris. Puis, les *monts Garrigues*, ainsi nommés
des chênes kermès ou garrus qui les recouvrent et auxquels s'a-
dossent les *Causses* (*Larzac, Noir, Méjean, Sauveterre*) séparés
les uns des autres par le cours supérieur du Tarn et ses affluents,
Dourbie et Jonte, et dont les grottes feraient croire à l'existence
d'un vaste monde souterrain[1]. Enfin le *nœud de la Lozère*, amas
de roches nues et de plateaux décharnés que balayent les vents.

b. **Branche orientale.** — Elle est formée par les hautes terres
allant du nœud de la Lozère au passage de Bourgogne avec
une direction générale nord-sud et une altitude qui, cette fois,
va s'abaissant de 1.754 mètres au *Mézenc* à 600 mètres. Les
monts du Vivarais, qui sont la chaîne de France où tombe
la plus grande quantité d'eau de pluie, cachent les sources des
rivières torrentueuses aboutissant au Rhône. Ancien foyer
d'éruption, ils montrent le basalte sur leurs pentes, et comme
celui-ci est particulièrement propice à la croissance des châ-
taigniers, le *Tanargue*, le *Gerbier-des-Joncs*, le *Mézenc* en
sont recouverts. Les *monts du Lyonnais* sont dominés par le
massif porphyrique de *Tarare :* les *monts du Beaujolais* par le
Saint-Rigaud. Au delà, les *monts du Charolais* ne sont plus, à
proprement parler, qu'une suite de plateaux faiblement ondulés.
Bien que séparé des précédents par la dépression du canal du
Centre, le massif granitique du *Morvan* peut leur être rattaché.
Il est, comme le Vivarais, abondamment mouillé par les pluies ;
et on verra plus loin que cette abondance, jointe à son imper-
méabilité, est le seul élément perturbateur du régime fluvial
séquanien[2].

1. Voir gravure n° 4.
2. Voir p. 88.

c. **Branche médiane.** — Elle est formée par un soulèvement qui atteint sa plus forte altitude, en son milieu, à *Pierre-sur-Haute* 1.640ᵐ), avec une direction générale nord-sud. Les *monts du Velay* cachent, sous le gazon des pâturages, plus de 150 cônes d'éruption, pour la plupart dégradés, derniers signes de l'ancienne activité volcanique. Les *monts du Forez* doivent aux épaisses forêts qui les recouvrent leur aspect sombre et sévère. La chaîne porphyrique de la *Madeleine* s'éclaircit en même temps qu'elle s'abaisse au delà de La Palisse.

d. **Branche occidentale.** — C'est, à la fois, la plus massive de toutes et celle où se dresse, au *Puy de Sancy* (1.886ᵐ), le géant de la France centrale. Direction générale : sud-est nord-ouest. Elle se compose essentiellement de trois groupes granitiques : la *Margeride*, les *monts d'Auvergne* et les *monts du Limousin*.

La végétation forestière de la *Margeride* contraste avec le dénûment des *plateaux d'Aubrac*, qui l'avoisinent au sud.

Les *monts d'Auvergne* comprennent : les *monts du Cantal*, massif dans le massif, régulièrement étoilé de vallées extérieures par les ruisseaux qui naissent sur ses hauteurs couvertes de laves (*Puy-Violent*, *Puy-Mary*, *Plomb du Cantal* 1.858ᵐ); les *monts Dore*, dédale de chaînons et de plateaux entrecroisés dans lequel le touriste a grand'peine à se reconnaître (*Puy de Sancy*, 1.886ᵐ); les *monts Dômes*, qui marquent, de ce côté du massif, le premier abaissement (*Puy de Dôme*, 1,463ᵐ).

Plus à l'ouest, les *monts du Limousin* ressemblent moins, en effet, à des montagnes véritables qu'à de hautes terres mamelonnées. Leurs points culminants (*mont Besson* et *mont Odouze*) restent inférieurs à 1.000 mètres. Plus déprimés encore sont les *monts de la Marche*, sorte de contrefort des monts du Limousin. Le *Puy de Sauvagnac*, qui marque la cime, ne dépasse pas 700 mètres.

Groupes montagneux épars dans la plaine. — Simples accidents au milieu des plaines françaises, ces groupes, qui affectent tantôt la forme de colline, tantôt celle de plateau, n'ont pas, pour ainsi dire, d'individualité. Il n'est guère possible, pour cette

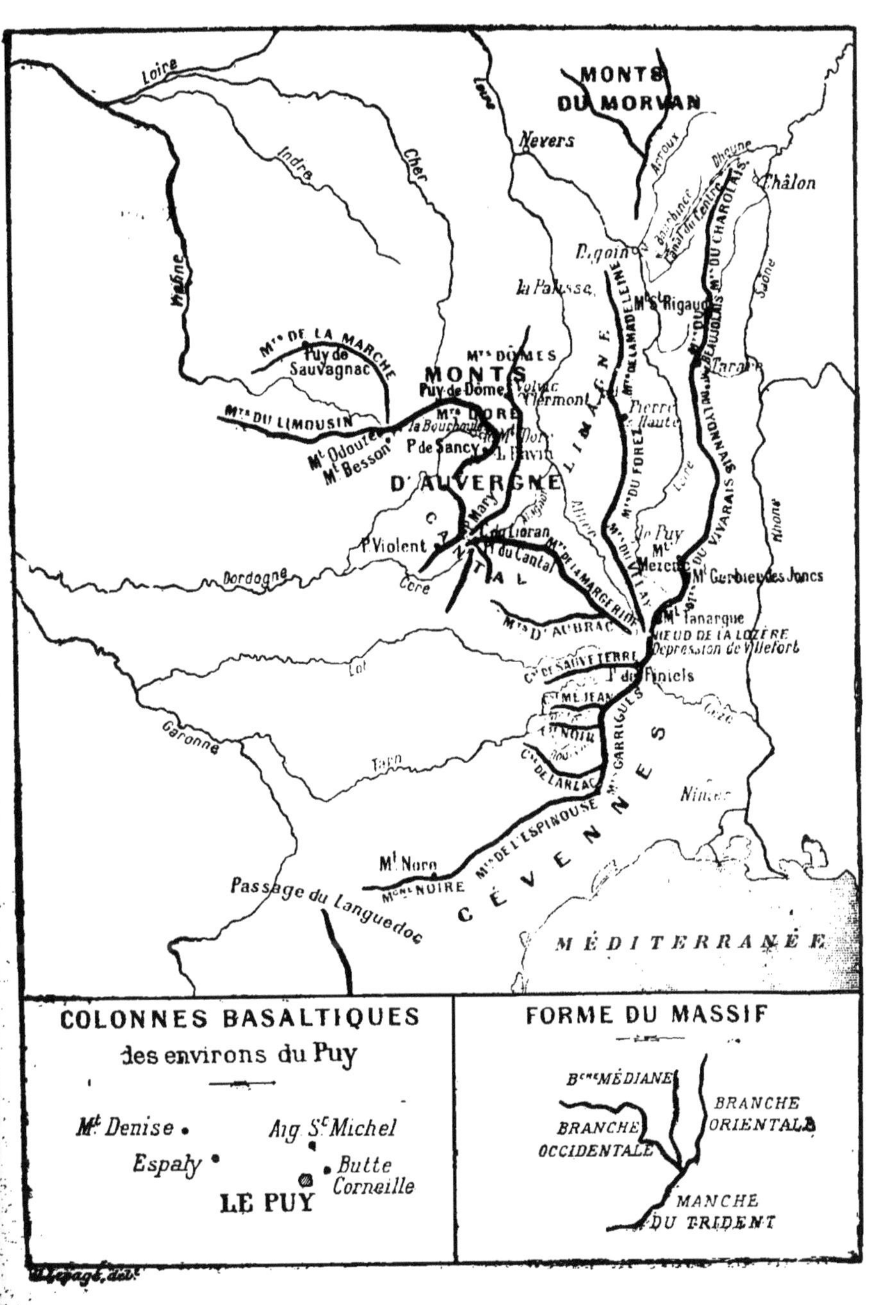

Loire
MONTS DU MORVAN
Nevers
Indre
Cher
Châlon
Allier
la Palisse
Digoin
Mône
Canal du Centre
Mᵗˢ Rigaud
Mᵗˢ DE LA MARCHE
Puy de Sauvagnac
Mᵗˢ DÔMES
MONTS
Puy de Dôme
Volvic
Clermont
Mᵗˢ DU LIMOUSIN
Mᵗˢ DORE
la Bourboule
Mᵗ Mory
Mᵗ Odouze
Mᵗ Besson
P de Sancy
L. Pavin
D'AUVERGNE
P.Violent
Mᵗ Mary
P du Lioran
P du Cantal
Bordogne
Cère
CANTAL
Mᵗˢ DE LA MARGERIDE
Mᵗˢ D'AUBRAC
Lot
Mᵗˢ DU FOREZ
Pierre Haute
le Puy
Mᵗ Mezenc
Mᵗˢ DU VELAY
Mᵗ Gerbier des Joncs
Mᵗ Tanarque
NIEUD DE LA LOZÈRE
Depression de Villefort
Cᵗᵉ DE SAUVETERRE
P du Finiels
Garonne
Tarn
ESᵗ Mᵗ JEAN
Mᵗ NOIR
Mᵗˢ GARRIGUES
Cᵗᵉ DE LARZAC
Mᵗˢ DE L'ESPINOUSE
CÉVENNES
Nîmes
Mᵗ Noro
Mᵗ NOIRE
Passage du Languedoc
MÉDITERRANÉE
LIMAGNE
Mᵗˢ DE LA MADELEINE
BEAUJOLAIS Mᵗˢ DU CHAROLAIS
Mᵗˢ DU LYONNAIS
Mᵗˢ DU VIVARAIS
Tarare
Rhône
Saône
Allier

COLONNES BASALTIQUES
des environs du Puy
Mᵗ Denise
Aig. Sᵗ Michel
Espaly
Butte Corneille
LE PUY

FORME DU MASSIF
Bᶜʰᵉ MÉDIANE
BRANCHE OCCIDENTALE
BRANCHE ORIENTALE
MANCHE DU TRIDENT

raison, de séparer leur étude de celle des plaines. La leçon suivante sera consacrée aux deux à la fois.

2. Forme de plateau. — Plateau de Langres. — Ne faisant qu'un avec la *Côte d'Or*, il atteint sa plus grande élévation au *mont Tasselot* (593^m). Aussi n'est-il pas un obstacle aux communications entre les vallées de la Seine et de la Saône. Des tunnels et des rampes ont permis aux ingénieurs d'y établir voies de fer et canaux.

Plateau ardennais. — N'est que l'extrémité occidentale du massif schisteux rhénan qui s'étend à l'est en terre allemande. Il est caractérisé par la faible densité de sa population et par la pauvreté de sa végétation, depuis que des éclaircies ont été pratiquées dans ses bois. Il est d'ailleurs peu élevé, son altitude variant de 200 à 500 mètres.

Plateau lorrain. — Limité à l'est par les Vosges, au nord par le massif schisteux rhénan, il se distingue du précédent par son altitude moyenne légèrement supérieure et surtout par une variété plus riche de relief. Signalons les *collines de la Moselle ;* les *côtes de Meuse ;* la *forêt d'Argonne* avec ses fameux Thermopyles (*Chalade, Islettes, Croix-aux-Bois, Grand-Pré, Chêne-Populeux*) en arrière desquels Dumouriez arrêta l'invasion à Valmy ; les *Faucilles*, qui forment la bordure méridionale du plateau.

LECTURE

Aspect général de l'Ardenne. — « La surface, à peine ondulée, fréquemment noyée de brouillards, lavée par les pluies, constitue des landes couvertes de bruyères, des *fagnes*, et, par endroits, des marécages tourbeux ; aux endroits les moins deshérités, on cultive le seigle ; ailleurs s'étendent des *rièzes*, espaces dénudés ; ailleurs des forêts. Les bois de l'Ardenne alimentaient jadis de nombreuses usines où l'on pratiquait la fonte au bois ; la plupart sont abandonnées aujourd'hui ; mais l'industrie de la fonte n'a pas péri. On a remplacé les moteurs

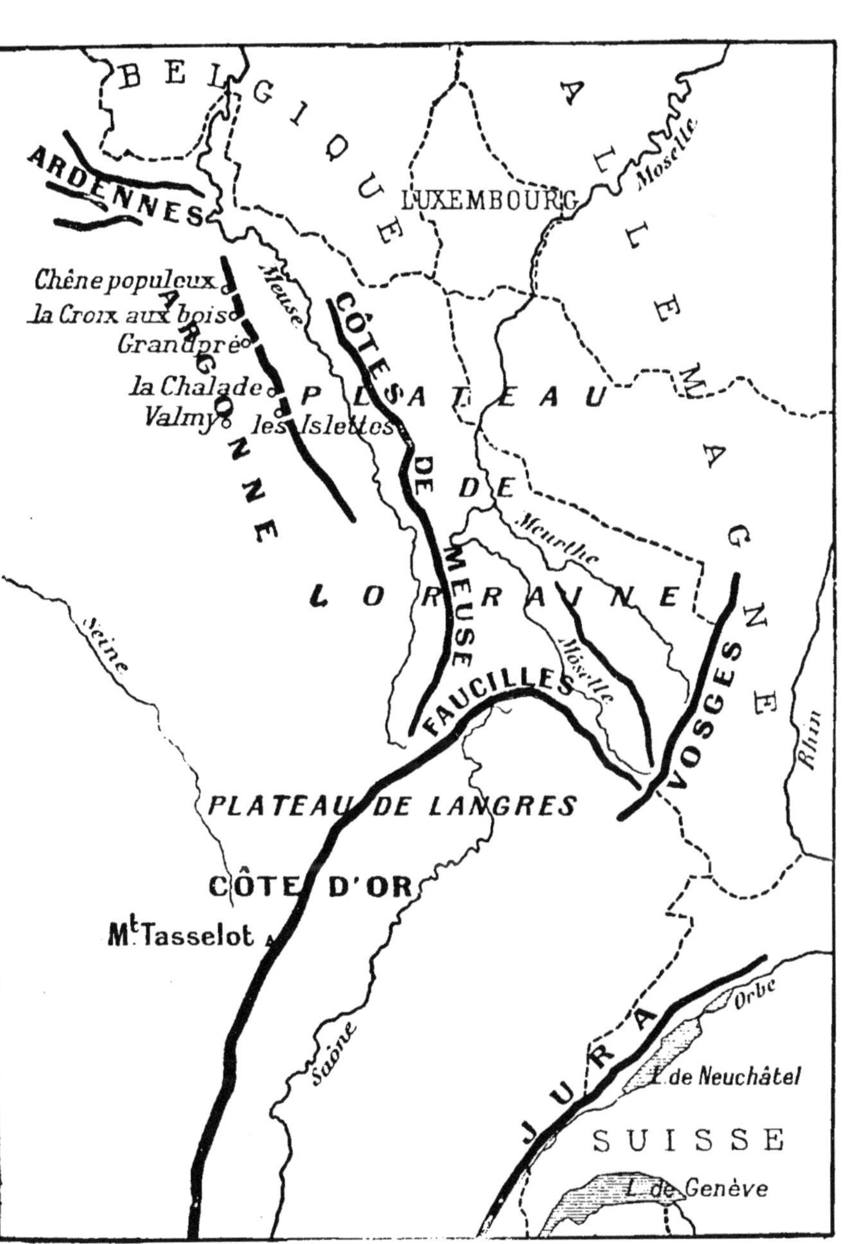

CROQUIS 7. — Plateaux

hydrauliques par la vapeur, et l'on va chercher au loin la houille et le minerai de fer. Quelques villages de la vallée de la Semoy fabriquent des clous à la main ; sur la Meuse, Charleville est le principal centre de l'industrie du fer, avec Monthermé. A Fumay, on extrait l'ardoise en abondance. Sur le plateau, la population est très clairsemée et se livre surtout à l'élevage. La race bovine de l'Ardenne est petite, mais laborieuse. Les chevaux sont très résistants et passent toutes les nuits dans les bois, tant que la neige ne couvre pas le sol. Presque seuls des chevaux de la Grande Armée, les chevaux ardennais ont pu survivre aux privations de la campagne de Russie en 1812. » (Vidal-Lablache, *La France*, **A. Colin et C**ie, éditeurs.)

Leçon V

Les plaines. — Divisions. — Caractères généraux et particuliers. — Description.

RÉSUMÉ. — 1. Les plaines. — La partie de la France couverte par les plaines forme trois régions distinctes.

2. Altitude. — Sauf en quelques points, ces plaines ne s'élèvent pas au-dessus de 200 mètres. Les accidents qu'on y rencontre suffisent cependant à en assurer la variété.

3. Plaine du Nord-Ouest. — La **plaine du Nord-Ouest** est une vaste cuvette dont Paris occupe le fond et dont les *plateaux d'Artois, de Picardie, de Caux*, les *collines du Perche, de Normandie* et *du Maine* sont les rebords dressés du côté de l'Océan.

4. Plaine du Sud-Ouest. — Loin de se déprimer en son centre, comme la précédente, la **plaine du Sud-Ouest**, correspondant à la vallée de la Garonne, s'abaisse uniformément du pied des montagnes aux rives de l'Océan. Le *passage du Poitou* donne accès de l'une à l'autre.

5. Plaine du Sud-Est. — Quant à la plaine du Sud-Est, correspondant à la vallée de la Saône et du Rhône, elle n'a quelque largeur qu'à ses extrémités. Elle se réduit en son milieu à un étroit couloir dont les Cévennes et les contreforts des Alpes forment les parois.

RÉCIT. — **1. Les plaines.** — Au pied des montagnes que nous venons d'étudier s'étendent les terrains bas. En tenant compte de l'inclinaison générale, on peut distinguer, dans ces derniers, trois parties principales : la **plaine du Nord-Ouest,** limitée par la Manche, le Massif Central, les plateaux de Langres et Ardennais ; la **plaine du Sud-Ouest,** correspondant à la vallée de la Garonne ; la **plaine du Sud-Est,** à celle de la Saône et du Rhône.

2. Altitude des plaines. — Dans l'ensemble, ces plaines ne dépassent pas 200 mètres d'altitude. Il s'en faut cependant que ce soit là une limite absolue. Si la mer s'élevait dans une égale mesure au-dessus de son niveau actuel, la plus grande partie du sol disparaîtrait sous les eaux ; mais quelques hauteurs émergeraient encore. Il suit de là que les plaines françaises n'ont rien qui rappelle la platitude d'un damier. Elles se caractérisent, au contraire, par une remarquable variété de formes ; rien même ne contribue plus que cette variété à les différencier les unes des autres, à donner à chacune son originalité.

3. Plaine du Nord-Ouest. — Paris en est le centre ou plutôt le fond. La plaine forme, en effet, une sorte de cuvette dont les bords sont relevés aux quatre coins de l'horizon. Comme l'a dit l'ingénieur Belgrand, toutes les lignes rayonnantes que l'on trace sur la carte à partir de Paris vont toujours en montant, qu'on les dirige vers l'amont ou vers la côte. Si, malgré cette circonstance, la Seine a pu gagner la mer, c'est que sa force d'érosion s'est trouvée assez grande pour rompre une des parois du bassin. Autrement ses eaux, retenues par les hauteurs qui séparent Paris de la Manche, se seraient amoncelées dans le fond de la cuvette.

Ces hauteurs sont les *plateaux* **crayeux** *d'Artois* et *de Picardie*, dont la pauvreté d'aspect n'exclut pas la richesse souterraine ; le plateau également crayeux du *pays de Caux* ; le groupe des *collines du Perche*, *de Normandie* et *du Maine* dont le point culminant (*mont des Avaloirs*) n'atteint pas **420** mètres, mais qui doivent aux pluies venant de l'Océan leurs gras pâturages et leurs vertes forêts. Un charme reposant se dégage du paysage. Notamment la partie située à la base du Cotentin donne, toutes proportions gardées, l'illusion de la Suisse. On l'a appelée « Petite Suisse » ou « Suisse normande ».

La péninsule granitique de Bretagne marque la pointe la plus avancée de la plaine dans la direction de l'ouest. Assez accidentée dans sa partie occidentale où les *monts Menez*, *d'Arrée* et la *Montagne Noire* atteignent respectivement **340**, **390** et près de **330** mètres, la Bretagne est, au contraire, déprimée dans sa partie orientale. En certains points des Côtes-du-Nord ou du Finistère, on se croirait en pays de montagnes. Dans l'Ille-et-Vilaine et la Loire-Inférieure, on ne relève qu'une différence de quelques mètres entre le niveau maritime et le niveau de la terre ferme.

4. Plaine du Sud-Ouest. — Un seuil élevé de **150** mètres ouvre une importante communication entre la plaine du Nord-Ouest et celle du Sud-Ouest. C'est le *passage du Poitou* dont Poitiers, assis sur le Clain, commande l'entrée. Cette ville et ses environs ont dû à cette situation d'avoir été, pendant le moyen âge, le lieu de rencontre entre les peuples du Nord et ceux du Midi. Que de batailles de Poitiers aux premiers siècles de notre histoire ! Bataille de 507 entre les Francs de Clovis et les Visigoths d'Alaric II ; bataille de 732 entre les Francs de Charles-Martel et les Arabes d'Abdérame ; bataille de 1356 entre les chevaliers de Jean le Bon et les archers du prince Noir ! Avec les bords du Rhin, ceux de la Vienne sont un des endroits de l'Europe occidentale où l'on s'est le plus battu.

La plaine du Sud-Ouest n'a pas, comme la précédente, la forme d'une cuvette. Aucun renflement du sol ne sépare Tou-

louse de Bordeaux, et, pour se rendre à l'Océan, la Garonne n'a
dû accomplir aucun travail d'érosion. Loin de là ; tout le pays
s'abaisse d'une manière uniforme et régulière dans la direction
de la mer.

CROQUIS 8. — Les plaines.

5. Plaine du Sud-Est. — Les terrains bas dans lesquels la
Saône et le Rhône ont tracé leur sillon perpendiculairement à
la Méditerranée sont moins une plaine proprement dite qu'une

vallée assez large aux deux extrémités, étroite et resserrée en son milieu. A un bout, la région dijonnaise, la Bresse et la Dombes; à l'autre, la plaine de Vaucluse que fertilisent les eaux de la « divine fontaine », celles du bas Languedoc et de la Crau.

LECTURE

La fontaine de Vaucluse. — « La divine fontaine de Vaucluse est située au pied du Ventoux. Elle est renfermée dans un vaste bassin presque circulaire et en forme d'entonnoir, vers lequel il faut monter assez péniblement. Le chemin aboutit à une caverne ouverte en arcade dans un rocher taillé à pic et d'une hauteur d'environ 200 mètres au-dessus du lit du cours d'eau que la source forme lorsqu'elle jaillit. Telle est l'admirable fontaine qui alimente d'eau les diverses branches de la Sorgues, et qui sert, dans les arrondissements d'Avignon et de Carpentras, à arroser plus de 4.000 hectares et à mettre en mouvement environ deux cents usines. L'origine de ses eaux paraît devoir être attribuée aux pluies qui tombent sur les terrains néocomiens très perméables, occupant une surface d'environ 100.000 hectares sur les montagnes des départements de Vaucluse et des Basses-Alpes, entre Vaucluse et Sisteron. Les oscillations de l'eau dans la fontaine sont, en effet, toujours liées avec les sécheresses ou les pluies qui règnent sur la montagne. » (J.-A. Barral, *Les irrigations dans le département de Vaucluse*, **Guillaumin**, éditeur.)

Leçon VI

**Les Côtes. — Divisions. — Caractères généraux
et particuliers.**

RÉSUMÉ. — 1. Divisions. — Les côtes présentent trois sections : côtes de la mer du Nord; côtes de l'Atlantique; côtes de la Méditerranée.

2. — Aspect général. —Sur une longueur totale de 2.700 kilomètres, elles se modifient de façon lente, mais continue. Sans être inhospitalières, elles ne peuvent être rangées parmi les plus propices à la navigation.

3. Les **côtes de la mer du Nord** (75 kilomètres y compris le Pas-de-Calais) sont très basses, quelque fois même déprimées. Les *moëres*, plaines situées au-dessous du niveau de la mer, n'ont pu être sauvées de l'invasion marine qu'au prix d'un travail opiniâtre. Le *Pas-de-Calais* marque un relèvement de la côte.

4. Les **côtes de l'Atlantique** (2.000 kilomètres), quoique moins basses que les précédentes, ne sont guère mieux abritées : elles restent plates sur une trop grande étendue ; et c'est dans les rares régions où se dressent les saillies les mieux caractérisées, où se creusent les meilleurs et plus profonds abris, que règnent, sous l'influence des marées et des vents, les plus furieuses tempêtes océaniques. Tels le *Cotentin* et la *Bretagne*, contre lesquels les courants du *raz Blanchart*, de la *Déroute*, de *Fromveur* et du *Four* déferlent avec furie.

Les modifications apportées à la ligne du littoral ont été la conséquence des assauts de l'Océan. Il n'est pas, à cet égard, de côte plus curieuse à étudier que celle qui s'étend de l'estuaire de la Loire à l'estuaire de l'Adour. C'est ainsi que les *îles de Noirmoutier, Yeu, Ré, Oléron* se sont détachées du continent ; que l'*îlot de Cordouan* n'a cessé de perdre en étendue et que la *presqu'île de Grave* a été en partie démolie. C'est ainsi par contre que les débris arrachés par la vague aux terres voisines ont comblé le *golfe du Poitou* et que les sables amoncelés par les vents, en fermant les baies landaises, en ont fait des étangs.

5. Les **côtes de la Méditerranée** (625 kilomètres) sont en général plus hospitalières parce que les eaux marines sont moins agitées et les tempêtes plus rares. La *Provence* est inférieure en articulations côtières à la Bretagne ; mais, comme son abord est facile, elle apparaît comme *la province maritime* *par excellence* de la France. Quant à la côte du *Languedoc*, basse et malsaine, elle ne vaut pas mieux que les côtes plates de l'Océan.

RÉCIT. — **1. Divisions.** — Les plaines françaises aboutissant à trois mers (**du Nord, Atlantique, Méditerranée**), nous suivrons les côtes de chacune d'elles, non sans en avoir indiqué préalablement les caractères généraux et les particularités.

2. Aspect général. — Les côtes françaises offrent un développement total de **2.700** kilomètres. D'une façon générale, elles sont, comme presque toutes les côtes du globe, instables. Bien rares, celles dont l'assaut du flot marin n'ait jamais modifié le tracé. Les nôtres ont subi la loi commune : au nord comme à l'ouest, à l'ouest comme au sud, elles ont, sur certains points, cédé à l'attaque; mais, par un phénomène contraire et simultané, elles ont fait, sur d'autres points, reculer la masse liquide. Lutte incessante des deux éléments, aussi vieille que le monde et ne devant finir qu'avec lui !

Sans pouvoir être rangées parmi les côtes inhospitalières, elles ne sont pas des plus favorables à la navigation. Sous le rapport de la richesse en abris naturels, la France est inférieure à l'Angleterre, à l'Italie, à la péninsule Balkanique. Elle est trop exposée aux vents de l'Océan, et l'abord par mer n'y est pas partout sans danger.

3. Les côtes de la mer du Nord. — Les côtes de la **mer du Nord** [1] sont à la fois les moins développées et les plus basses. D'une part, elles n'ont que **75** kilomètres de longueur, y compris le Pas-de-Calais. D'autre part, une très légère différence de niveau établit la ligne de démarcation entre le continent et le domaine des eaux. Il suffirait d'un rien pour que l'un s'étende au détriment de l'autre. Renversez le cordon de dunes, haut de 15 mètres, que le travail de l'homme a fixé au sol au moyen de plantes à racines tenaces, ou obstruez les canaux de drainage

---

1. Voir plus loin *Croquis des côtes de la mer du Nord*, p. 66.

qui assèchent les *moëres* situées au-dessous du niveau maritime, et ce qui est solide aujourd'hui deviendra liquide demain. Supposez, au contraire, que le travail d'envasement d'une mer sans profondeur s'accélère par suite d'une recrudescence dans l'apport alluvionnaire des fleuves côtiers, et les bancs de sable émergeront au-dessus de la couche d'eau.

Le *Pas-de-Calais* marque un relèvement de la côte en même temps qu'un abaissement sensible du lit marin. Toutefois les bancs de sable n'ont pas entièrement disparu : le *Colbart* et le *Banc rouge* y gênent la navigation.

4. Les côtes de l'Océan Atlantique. — Moins basses que les côtes de la mer du Nord, celles de l'Océan[1] sont encore plates presque partout. Les saillies des presqu'îles montagneuses du *Cotentin* et de la *Bretagne* constituent une exception parmi les plaines du *Marquenterre*, de la *Vendée*, de l'*Aunis*, de la *Saintonge*, des *Landes*. Avec les *estuaires de la Seine, de la Loire* et *de la Gironde*, les baies de ces presqu'îles sont, sur un parcours de 2.000 kilomètres, les seuls abris naturels capables d'offrir quelque sécurité aux navires. Or il n'est pas, sur notre littoral océanique, de région plus difficilement accessible ni plus féconde en naufrages. Le conflit des marées produit, le long des côtes du Cotentin et de la Bretagne, des courants dangereux : le *raz Blanchart*, coulant comme un énorme fleuve entre Aurigny et le cap de la Hague, avec une vitesse de 16 kilomètres à l'heure ; le courant de la *Déroute*, entre Jersey et la côte occidentale du Cotentin, un peu moins rapide, mais dont le nom exprime bien la détresse des marins perdus dans ses eaux ; le *passage de Fromveur* ou « grand effroi », entre Ouessant et Molène ; celui du *Four*, entre Ouessant et la côte bretonne, torrent furieux dans un lit sans profondeur, aux multiples écueils. Pour jouir de la sécurité des abris, il faut donc avoir auparavant triomphé des dangers de l'abord. Ceci enlève beaucoup de prix à cela.

1. Voir plus loin *Croquis des côtes de l'Atlantique*, p. 69.

L'action des marées, jointe à la violence des tempêtes, expose les côtes de l'Atlantique aux empiétements réciproques des rivages et des golfes. C'est dans la partie comprise entre l'estuaire de la Loire et l'estuaire de la Gironde que les phénomènes les plus remarquables de ce genre ont été observés. Une série d'îles, *Noirmoutier*, *Yeu*, *Ré*, *Oléron*, marque la ligne de l'ancien littoral. Que Noirmoutier, pour ne citer que celle-là, ait été autrefois rattachée au continent, c'est chose aisée à prouver. Outre que son orientation est la même que celle du littoral vendéen, elle n'en est séparée que par un étroit canal, la *Passe Fromentine*, dont les eaux, disparaissant à marée basse, mettent à jour le socle commun à l'île et à la terre ferme. Alors les hommes y passent à pied sec, et des balises-reposoirs leur servent de refuge en cas de surprise par la marée. Il semble, toutefois, que la séparation soit ancienne : des espèces particulières d'escargots, de crustacés et d'insectes ne se rencontrent que là, tandis que les vipères, très communes dans le Poitou, sont inconnues dans l'île. Ailleurs, au contraire, l'Océan a jeté le long du littoral les débris arrachés aux terres voisines : la *baie de Bourgneuf* se comble rapidement, et la *baie d'Aiguillon* est le faible reste de l'ancien *golfe du Poitou*.

A peine moins curieux est le phénomène de démolition et d'ensablement dont la partie située entre l'estuaire de la Gironde et l'estuaire de l'Adour a été le théâtre. N'êtes-vous point frappés par le brusque changement de direction vers l'est affecté à son extrémité nord par la péninsule qui sépare la Gironde de l'Océan ? Si celle-ci suivait la direction normale, elle resterait dans le plan des îles d'Oléron et de Ré, signe évident qu'en ces parages la terre ferme a perdu plusieurs milliers d'hectares. L'*îlot de Cordouan* s'est rapetissé depuis le xvie siècle ; et, sans les travaux des ingénieurs, l'extrémité septentrionale de la péninsule se serait détachée du continent ; nous aurions compté une île de plus, l'île de *Grave*. Observez encore tous ces étangs qui se succèdent à quelque distance du littoral, du haut en bas, en ligne droite comme lui (*Hourtin*, *Lacanau*,

Cazau, Parentis, Aureilhan, Saint-Julien, Léon, Soustons).
C'étaient, à une époque géologique antérieure, des baies de
l'Océan. Mais un bourrelet de sable les a séparées de la mer.
Seul, le *bassin d'Arcachon* a conservé sa communication avec
l'Océan; et cette particularité est due à la poussée de la *Leyre*
petit fleuve qui empêche les sables de s'amonceler à l'entrée.

5. Les côtes de la Méditerranée. — Les 625 kilomètres que
baigne la **Méditerranée**[1] sont partagés par le delta du Rhône
en deux parties presque égales, mais très différentes : d'un
côté, le littoral bas, sablonneux, malsain, du *Languedoc;* de
l'autre, le littoral escarpé et rocheux de la *Provence*, terre
promise des malades.

On a célébré sur tous les tons la beauté des sites méditerranéens. Plus d'une fois, la contemplation des purs horizons du
« lac bleu » a fait tort à l'impression laissée dans l'esprit des
voyageurs par la vue des plages océaniques. Mais, au moins,
faut-il s'entendre sur la ligne de démarcation à établir entre
les purs horizons et les régions moins favorisées.

On ne saurait nier que les étangs du Languedoc, sur lesquels
la culture gagne heureusement tous les jours, ne soient un foyer
de miasmes délétères. Les susceptibilités du patriotisme local
ne sauraient tenir contre les chiffres de la statistique accusant,
dans les villages de la zone basse du littoral de l'Hérault, un
déficit d'âge moyen de dix, quinze et même vingt ans. A *Vic*, à
Capestang, à *Villeneuve-les-Maguelonne* et surtout à *Mireval* et
à *Vias*, la moitié des enfants meurt avant la dixième année.
Sur trois étrangers qui viennent habiter ces régions, deux sont
atteints par les fièvres. Heureux ceux qui ne payent pas de
leur vie leur tribut au climat! Aussi, les villes qui, selon
l'énergique expression de Michelet, « ne veulent pas être des
ports » se retirent-elles à l'intérieur des terres. Telles *Narbonne*, port marchand à l'époque romaine, mais isolée aujour-
d'hui de la mer, et toutes ces « villes mortes du golfe du
Lion » dont M. Lenthéric a retracé l'histoire.

[1]. Voir plus loin *Croquis des côtes de la Méditerranée*, p. 71.

Cette réserve faite, il faut reconnaître qu'on ne rencontre nulle part ailleurs sur nos côtes, si ce n'est en Bretagne, une plus grande richesse d'articulation. La côte de Provence, dominée par les derniers contreforts des Alpes, est un modèle du genre. Et, tandis que les mers bretonnes sont la patrie des tempêtes et des naufrages, la Méditerranée, plus clémente, ne livre point d'assaut furieux à ses rivages qu'elle se contente de creuser en abris sûrs. Ce n'est pas qu'elle manque de profondeur. Si, en certains endroits du golfe du Lion, notamment au pied de la bande de sable qui ferme l'*étang de Thau*, la couche liquide n'a que 10 mètres d'épaisseur et 50 mètres au large, elle est, ailleurs, beaucoup plus imposante. La sonde, jetée à 40 kilomètres du cap Creus, n'atteint les vases grossières du lit qu'à 1.000 mètres ; elle descend même jusqu'à 2.000 mètres à peu de distance des côtes de Provence. Mais les marées véritables y sont inconnues, les vagues courtes, les tempêtes rares.

Lorsqu'on parle des côtes de la Méditerranée, il convient donc de distinguer toujours celles de la Provence de celles du Languedoc. Les côtes de la mer du Nord et de l'Océan n'ont rien à envier à celles-ci ; celles-là, au contraire, sont, à tous égards, privilégiées en comparaison avec tout le reste du littoral français.

LECTURE

Un exemple de démolition du littoral. — « A la fin du xvie siècle, lorsque l'architecte Louis de Foix travaillait à la reconstruction de la tour de Cordouan, l'île était assez grande et assez haute pour qu'on pût y installer le village temporaire des ouvriers. Et, tandis que l'île rocheuse se rapetissait peu à peu, le littoral de la grande terre, de plus en plus entamé, s'éloignait du phare. En 1630, la péninsule de Grave n'était qu'à 5 kilomètres de Cordouan ; elle en est à 7 de nos jours. De nombreux villages, dont les chroniques nous conservent les noms, ont été engloutis par les flots ou par les dunes qui marchent au-devant d'eux.

La ville de Soulac, fort prospère à l'époque de la domination anglaise, était située alors au bord de la Gironde. Mais l'ensemble de la péninsule, envahi par la mer, a cheminé vers l'est pour ainsi dire, et ce qui reste du vieux Soulac, une église ogivale et quelques murailles, se trouve actuellement sur le littoral de l'Océan, après avoir été successivement recouvert par chacune des dunes en marche. Il est probable que toute la partie de la péninsule située au nord de Soulac aurait été changée en île et que la mer aurait ouvert à la Gironde une nouvelle embouchure, si les ingénieurs n'étaient pas intervenus, peut-être à tort, pour fixer le rivage par de coûteux travaux d'endiguement. » (Elisée Reclus, *La France*, Hachette et Cie, éditeurs).

Leçon VII

Les Côtes (*Suite*). — **Description.**

RÉSUMÉ. — **1. Mer du Nord.** — Se prête mal à l'établissement des ports que menace l'envahissement des sables. *Dunkerque* nécessite de grands frais d'entretien.

La largeur relativement médiocre du *Pas-de-Calais* (31 kilomètres) a donné l'idée de relier la France et l'Angleterre au moyen d'un tunnel sous-marin. Mais ce projet n'a pas reçu encore un commencement d'exécution.

2. Océan Atlantique. — Sur la Manche, regardant l'Angleterre, deux grands ports, *Le Havre* (marchand), *Cherbourg* (militaire) et une quantité de ports secondaires (*Boulogne*, *Dieppe, Saint-Malo*, etc.). Sur l'Océan, regardant l'Amérique, trois ports militaires, *Brest, Lorient, Rochefort*, et quatre grands ports marchands, *Nantes, La Rochelle, Bordeaux, Bayonne*. La côte, extrêmement découpée en Bretagne, déjà plus régulière entre l'estuaire de la Loire et l'estuaire de la Gironde, devient tout à fait rectiligne à partir de ce point jusqu'à l'embouchure de l'Adour. Cette monotonie n'est rompue qu'au sud de Bayonne, au moment où les derniers contreforts des Pyrénées baignent leur pied dans l'Océan ; mais, à quelques kilomètres de là, commence le littoral espagnol (embouchure de la *Bidassoa*).

3. Méditerranée. — Sur la côte basse du Languedoc, les étangs se succèdent à faibles intervalles : *Lapalme, Sigean, Thau* ; à l'exception de *Cette*, aucun grand port ne s'y est établi. Au contraire, sur la côte rocheuse de Provence où abondent les baies profondes (*golfe de Berre, golfe de Marseille*), la rangée des étangs est remplacée par une ligne presque ininterrompue d'excellents ports (*Marseille, Toulon, Nice*).

Au large, l'*île de Corse*.

RÉCIT. — **1. Côtes de la mer du Nord.** — Si on se rappelle ce qui a été dit de la nature de ces côtes, on ne s'étonnera pas

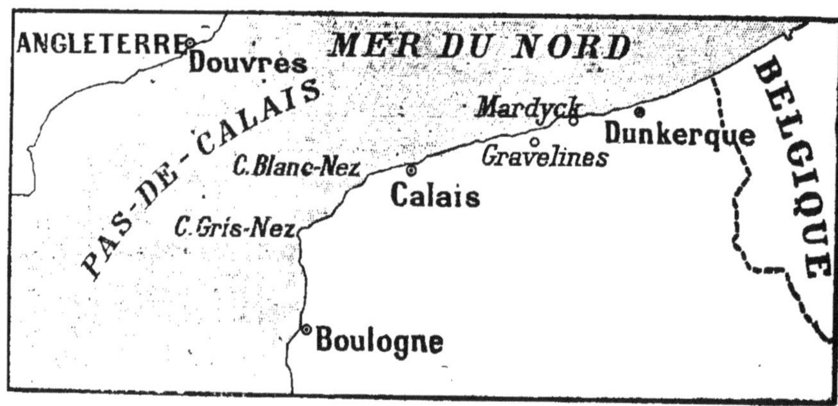

CROQUIS 9. — Les côtes de la mer du Nord.

de l'énormité des dépenses occasionnées par l'établissement et l'entretien des ports. Le meilleur est *Dunkerque*, qui a supplanté *Mardyck* et *Gravelines*. Protégé par de longues jetées et couvert par d'importantes batteries, il est devenu l'un des plus actifs, le quatrième de France. C'est par lui que la plupart des matières premières indispensables à l'industrie flamande sont importées de Norvège (bois), de Russie (lin et chanvre), de l'Inde (jute), de l'Amérique du Sud (laines). Il faut espérer que les travaux d'aménagement constant dont ce port est l'objet l'empêcheront de céder à son tour la place à quelque autre havre du littoral.

Large de **31** kilomètres, le *Pas-de-Calais*, avec les hautes falaises crayeuses des *caps Blanc-Nez* et *Gris-Nez*, sépare la France de l'Angleterre. Il est depuis longtemps question de relier Douvres et *Calais* par un tunnel creusé à 127 mètres au-dessous du niveau de la mer. Sans les objections mises en avant par l'Angleterre, qui craint d'y perdre les avantages de sa position insulaire, le projet ne serait plus à réaliser.

2. Côtes de l'Atlantique. — Du Pas-de-Calais à la *pointe de Corsen*, entre la France et l'Angleterre, l'Océan Atlantique forme la *Manche*.

Cette mer baigne les côtes artésienne et picarde, la côte normande, la côte bretonne.

A l'exception de *Boulogne* qui, sur la Manche, vient immédiatement après Le Havre pour l'importance du mouvement et avant tous les ports français pour la valeur des produits de la pêche[1], aucune grande station n'est à signaler sur les *côtes artésienne et picarde*. Des rendez-vous de baigneurs comme *Berck*, des bourgs de pêche comme *Le Crotoy*, en animent seuls le profil monotone et plat.

Plus accidentée et plus peuplée est la *côte normande*. Celle-ci varie dans sa constitution géologique comme dans son architecture extérieure. Crétacée dans le pays de Caux, jurassique dans le Calvados, granitique dans le Cotentin, elle est successivement la muraille abrupte d'un plateau, la lisière ondulée d'une plaine, la dernière saillie d'une presqu'île projetée en dehors du tronc continental. On y rencontre deux ports de premier ordre, l'un marchand, l'autre militaire : *Le Havre* et *Cherbourg*.

1. Cette valeur a passé de 14 millions de francs en 1893 à plus de 17.200.000 francs en 1903.

Fondé par François Ier à l'embouchure de la Seine, Le Havre est en communication suivie avec Londres qui lui envoie les houilles d'Angleterre, avec Liverpool et New-York qui l'approvisionnent de coton et de blé. C'est le *port de Paris*, la clef qui ouvre la porte de la capitale. Cherbourg, assis au pied de collines, sur la côte septentrionale du Cotentin, mérite bien la qualification d' « auberge de la Manche » que lui donnait Vauban. Sans avoir la même importance, un grand nombre d'autres ports permettent aux navires de faire escale : *Le Tréport, Dieppe, Fécamp, Etretat* dans le pays de Caux ; *Trouville, Cabourg, Isigny* dans le Calvados ; *Granville* dans le Cotentin. Entre ces points, les anses et les promontoires alternent, enlevant toute monotonie au parcours : *cap de la Hève, golfe de la Vire, pointe de Barfleur, cap de la Hague, anse de Vauville.*

Et cependant les articulations de la côte normande ne sont rien en comparaison des articulations de la *côte bretonne*. On ne rencontre nulle part ailleurs en Europe, si ce n'est dans les mers de Grèce, un mélange plus intime de la terre et de l'eau. Duel sans fin entre une mer furieuse et une des plus rudes terres de granit qui soit au monde ! De là l'incomparable ceinture de golfes et de baies dont le pays breton offre le spectacle : baies du *Mont Saint-Michel*, un des points du globe où la marée monte le plus haut ; de *la Fresnaye*, entre *Saint-Malo* et le *cap Fréhel ;* de *Saint-Brieuc*, où affluent les pêcheurs ; de *Morlaix*, au fond de laquelle se cache le port du même nom. Tout ce qui peut solliciter l'homme à la navigation se trouve réuni là : découpure des rivages, sécurité des abris, excellence des ports. Pourquoi donc faut-il que ces parages soient si peu sûrs ? Pourquoi faut-il que tant de navires s'y soient perdus, corps et biens, sans qu'aucune épave ait pu raconter le naufrage ?

A partir de la pointe de Corsen jusqu'à l'embouchure de la *Loire*, les échancrures de l'Océan sont encore plus accentuées : *rade de Brest* entre la *pointe Saint Mathieu* et la *presqu'île de Crozon ; baie de Douarnenez* entre la presqu'île de Crozon et

CROQUIS 10. — Les côtes de l'Atlantique.

la *pointe du Raz ; baie d'Audierne* entre la pointe du Raz et celle de *Penmark ; rade d'Etel* à l'occident de la *presqu'île de Quiberon ; golfe du Morbihan* avec, au large, *Belle Isle*, et, dans la direction de Quiberon, les *alignements de Carnac*, le plus curieux monument celtique qui se rencontre en France[1]. C'est que, de ce côté, les terrains schisteux, naturellement plus friables que les granits du nord, ont opposé une résistance moins heureuse aux assauts de l'Océan. Deux ports de guerre d'inégale valeur y sont établis : *Brest*, sans rival sur l'Atlantique, et *Lorient* auquel la prospérité du précédent a porté un rude coup.

Entre l'embouchure de la Loire et celle de la Gironde, la côte est plus intéressante par les changements survenus dans la ligne du littoral que par son aspect actuel. A citer trois ports : *Nantes*, dont l'avant-port *Saint-Nazaire* est en relation avec les Antilles et l'Amérique du Sud ; *La Rochelle*, qui, après avoir été ruinée par la révocation de l'édit de Nantes, semble avoir, depuis peu, recouvré une partie de son ancienne prospérité ; *Rochefort*, notre second port de guerre sur l'Atlantique, œuvre de Colbert. A quelque distance, les îles de *Ré* et d'*Oléron*, séparées l'une de l'autre par le *pertuis d'Antioche* et du continent par les *pertuis Breton* et *Maumusson*. Deux pointes se projettent aux embouchures de la Loire et de la Gironde : *Chemoulin* et *Saint-Gildas*, *la Coubre* et *Grave*.

Passé Grave, le littoral devient monotone et insignifiant. *Bordeaux* est un grand port, venant après Marseille et Le Havre ; *Bayonne* en est un autre, quoique peu de chose en comparaison du précédent ; mais, entre l'un et l'autre, l'œil contemple à perte de vue un cordon de dunes jadis mobiles, aujourd'hui fixées par des plantations de pins. Le travail de fixation accompli entre les années 1787 et 1789 a immortalisé le nom de l'ingénieur Brémontier[2]. Point d'abri, si ce n'est le *bassin d'Arcachon* dont le *cap Ferret* commande l'entrée. Les rochers ne reparaissent qu'au sud de Bayonne, où les derniers

1. Voir gravure n° 5.
2. **Brémontier** (Nicolas-Théodore), né en 1738, mort en 1809, inspecteur général des ponts et chaussées.

contreforts des Pyrénées finissent à peu de distance du littoral.
Profonde, la mer déferle en lames énormes. Traversez l'estuaire
de la *Bidassoa* dans un de ces nombreux petits bateaux que de
misérables pilotes espagnols mettent pour quelques sous à
votre disposition, et vous pénétrez en Espagne où la pittoresque
Fontarabie vous réserve la surprise de ses remparts démante-
lés, de ses rues escarpées, de ses maisons aux étages surchar-
gés de balcons, aux armoiries sculptées dans la pierre.

3. Côtes de la Méditerranée. — Du *cap Cerbère* au *Rhône*, la
côte, à l'exception des vingt premiers kilomètres où viennent

CROQUIS 11. — Les côtes de la Méditerranée.

mourir les dernières pentes des Albères et
où se creuse l'excellente rade de *Port-*
Vendres, est plate et marécageuse. C'est,
tout le long du *golfe du Lion*, la région des
étangs. Les principaux sont ceux de *Leucate*,
Lapalme, *Sigean*, *Vic*, *Mauguio*, *Aigues-*
Mortes, *Vaccarès*. L'étang de *Thau* mérite, à deux titres, une
mention spéciale : il est le plus long de la série et, sur la mince
flèche de sable qui le sépare de la mer, s'est élevée la ville de

Cette, second de nos ports marchands sur la Méditerranée (commerce des vins, des liqueurs, du sel)[1].

Du Rhône à la frontière italienne voisine de l'embouchure de la *Roya*, la côte est élevée et rocheuse. C'est la région des golfes profonds et des promontoires saillants. Les golfes sont ceux de *Marseille*, de *Saint-Tropez*, de *Fréjus*, de *la Napoule* et *Jouan*. Si sûrs que soient ces derniers, celui de *Berre*, improprement appelé étang, vaut encore mieux; mais, comme la *passe de Caronte*, qui le met en communication avec la mer, est étroite et peu profonde, on a négligé jusqu'à ce jour d'en tirer parti. Négligence regrettable, car les navires y seraient non seulement hors de toute atteinte, mais encore, grâce aux monts de l'Estaque, hors de la vue de l'ennemi. On a calculé que les travaux d'élargissement et d'approfondissement de la passe s'élèveraient à une cinquantaine de millions. On a reculé devant cette dépense. Souhaitons qu'on n'ait pas à le regretter quelque jour ! Les caps ne sont pas autre chose, au point de vue géologique, que les bastions avancés des massifs alpestres : le *cap Sicié* est la terminaison brusque des monts des Maures ; le *cap Roux*, celle des monts de l'Esterel. *Marseille* (commerce des blés), *Toulon* et *Nice* sont les principaux ports. Marseille, en dépit de la concurrence de Brindisi, de Trieste et de Gênes, reste le premier port de l'Europe sur la Méditerranée, et Toulon est celui de nos cinq ports militaires qui, en cas de guerre maritime, fournirait le plus aisément le maximum d'efforts de notre marine militaire.

Dans la Méditerranée, la France possède une grande île formant un département, la *Corse*. A l'orient et à l'occident, ses côtes offrent un aspect tout différent : ici, les golfes profonds, les hautes falaises, les bons ports (*Saint-Florent*, *Calvi*, *Ajaccio*), bref la reproduction, en pleine mer, du littoral provençal ; là, les marécages, la reproduction du littoral languedocien. Ile montagneuse, la Corse a des sommets qui,

---

1. Voir gravure n° 6.

comme le *Monte Cinto* et le *Monte Rotondo*, dépassent **2.700** et **2.600** mètres. De là descendent des torrents : le *Golo* vers la côte orientale, le *Liamone* vers la côte occidentale.

LECTURE

1. *La côte entre Marseille et Menton.* — « Il n'est personne aujourd'hui qui ne connaisse ces rivages véritablement bénis du ciel. L'Europe entière et l'Amérique y envoient chaque année des colonies de plus en plus nombreuses. C'est une véritable émigration du Nord vers le Midi, une désertion des pays du brouillard pour le pays du soleil. Depuis près d'un demi-siècle, l'aristocratie frileuse du monde entier en fait, pendant six mois, son séjour de prédilection ; les mourants eux-mêmes veulent y respirer leur dernier souffle et viennent, dans cette douce lumière, s'endormir de leur dernier sommeil. C'est en effet un pays sans hiver ; et il est certaines parties de la côte qui ne connaissent ni le vent, ni la gelée, ni l'extrême chaleur, jouissant ainsi d'une température presque constante et d'une sorte de printemps éternel.... Le voisinage de la mer y adoucit le climat. Les vents tièdes et humides du sud et du sud-est tempèrent l'extrême sécheresse produite par ce terrible mistral du nord, qui est bien le maître vent, le *magistral* de la Provence, et qui fait, pendant les trois quarts de l'année, la désolation de la vallée du Rhône. Toute la contrée qui avoisine la plage est défendue du froid par l'abri même des Alpes, et, au pied de ce rempart de neiges éternelles, règne une température moyenne, éminemment favorable au développement des plantes odorantes et des cultures semi-tropicales. Les arbres se rapprochent de la mer pour fuir en même temps le froid des hautes cimes et l'extrême chaleur concentrée dans des plaines trop longtemps exposées au soleil de l'été. En toute saison, les collines élevées sont couvertes de pins d'Alep, de chênes-lièges, de grandes bruyères arborescentes et d'arbousiers toujours verts, ornés à la fois de baies rouges et de fleurs blanches. Plus près de la côte, des groupes de pins-parasols couronnent les éminences moyennes et descendent majestueusement dans la plaine ; les lauriers-roses bordent les ruisseaux ; les orangers, les citronniers en pleine terre épanouissent leurs têtes rondes et leur feuillage luisant et satiné, chargés de leurs fruits parfumés et presque lumineux au soleil, tandis que les palmiers découpent sur l'azur du ciel leurs tiges flexibles et retombantes, et que les aloès en fleurs, pareils à des candélabres gigantesques, semblent éclairer cette féerie de la nature dont aucune parole ne peut rendre la royale splendeur. » (Lenthéric, *La Provence maritime*, **Plon-Nourrit et C**ie, éditeurs.)

2. *Départ des marins bretons pour l'Islande.* — « *Les Islandais* n'avaient presque jamais vu l'été de France.

« A la fin de chaque hiver, ils recevaient avec les autres pêcheurs, dans le port de Paimpol, la bénédiction des départs. Pour ce jour de fête, un reposoir, toujours le même, était construit sur le quai ; il imitait une grotte en rochers et, au milieu, parmi des trophées d'ancres, d'avirons et de filets, trônait, douce et impassible, la Vierge, patronne des marins, sortie pour eux de son église, regardant toujours, de génération en génération, avec ses mêmes yeux sans vie, les heureux pour qui la saison allait être bonne, — et les autres, ceux qui ne devaient pas revenir.

« Le Saint-Sacrement, suivi d'une procession lente de femmes et de mères, de fiancées et de sœurs, faisait le tour du port, où tous les navires islandais, qui s'étaient pavoisés, saluaient du pavillon au passage. Le prêtre, s'arrêtant devant chacun d'eux disait les paroles et faisait les gestes qui bénissent.

« Ensuite, ils partaient tous comme une flotte, laissant le pays vide d'époux, d'amants et de fils. En s'éloignant, les équipages chantaient ensemble, à pleines voix vibrantes, les cantiques de Marie Etoile-de-la-Mer.

« Et, chaque année, c'était le même cérémonial de départ, les mêmes adieux. » (Pierre Loti, *Pêcheur d'Islande*, **Calmann Lévy et C**ie éditeurs.)

TABLEAU SYNOPTIQUE : RELIEF
I. MONTAGNES

I Divisions

1. CHAÎNES : Alpes. Pyrénées, Jura, Vosges.
2. MASSIFS : Massif Central.
3. PLATEAUX : de Langres, Ardennais, Lorrain.

II Caractères

1. GÉNÉRAUX

1° *Chaînes.* Inférieures en surface comme en hauteur aux principaux soulèvements du globe. Dirigées dans le sens du méridien, à l'exception des Pyrénées parallèles à l'équateur.

2° *Massif Central.* Forme d'un trident. Ancien foyer d'éruption.

3° *Plateaux.* Moins peuplés et moins riches que les chaînes ou le massif.

2. PARTICULIERS

1° *Pyrénées.* Mur continu. Vallées transversales. Pentes brusques vers la France, douces vers l'Espagne. Cols principaux aux deux seuils de l'orient et de l'occident. Hauteur maxima : 3.404ᵐ (Nethou).

2° *Alpes.* Chapelet de massifs. Vallées longitudinales. Pentes douces vers la France, brusques vers l'Italie. Cols échelonnés sur toute la ligne (de l'Argentière, du mont Genèvre, de l'Échelle, de Fréjus, du mont Cenis, du Petit Saint-Bernard). Hauteur maxima : 4.810ᵐ (mont Blanc).

3° *Jura.* Ni mur ni chapelet, mais rangées de chaînons distincts et parallèles. Vallées longitudinales ou combes. Pentes douces vers la France, brusques vers la Suisse. Cols (de la Faucille, de Saint-Cergue, des Brenets). Hauteur maxima : 1.723ᵐ (Crêt de la Neige).

4° *Vosges.* Moins nettement caractérisées. Alternance entre la forme de chaîne et celle de plateau. Pentes douces vers la France, brusques vers l'Allemagne. Principal col de Saverne, à l'Allemagne depuis 1871). Hauteur maxima : 1.428ᵐ Guebwiller.

5° *Massif Central.* Énorme barrière faisant obstacle à la marche des peuples, quoique percée par plusieurs passages (dépression de Villefort, trouée du Lioran. Hauteur maxima : 1.886ᵐ (Puy de Sancy).

6° *Neiges.* Persistantes dans les Alpes et les Pyrénées. Fondent ailleurs chaque année.

III Description

1. CHAÎNES

1° *Pyrénées*
- a. Méditerranéennes (Canigou, 2.787ᵐ ; Puigmal. 2.909ᵐ : Montcalm et Mont-Vallier).
- b. Atlantiques (Nethou, 3.404ᵐ : Posets, 3.367ᵐ : Perdu, 3.352ᵐ : Vignemale, 3.290ᵐ).

2° *Alpes*
- a. Maritimes (Viso, 3.840ᵐ), avec leur contrefort de Provence.
- b. Cottiennes (Genèvre, Thabor, Cenis), avec leur contrefort du Dauphiné.
- c. Grées (mont Blanc, 4.810 m.), avec leur contrefort de Savoie.

3° *Jura* — Dent du Chat ; Grand Crêt d'Eau 1.600ᵐ : Reculet, 1.720ᵐ : Crêt de la Neige, 1.723ᵐ.

4° *Vosges* — Guebwiller, 1.428ᵐ ; Hohneck, 1.366ᵐ ; Ballon d'Alsace, 1.260ᵐ ; Donon, 1.010ᵐ.

2. MASSIF CENTRAL

- a. *Talus.* Cévennes (Montagne Noire, Espinouse, Garrigues).
- b. *Branche orientale* (Vivarais. Lyonnais, Beaujolais, Charolais. Morvan).
- c. *Branche médiane* (Velay, Forez, Madeleine).
- d. *Branche occidentale* (Margeride, monts d'Auvergne, monts du Limousin).

3. PLATEAUX

De Langres (Tasselot, 593ᵐ), obstacle sans importance.

Ardennais. Moins élevé encore (200 à 500 mètres).

Lorrain. Altitude moyenne légèrement supérieure à celle des deux précédents (collines de Moselle, côtes de Meuse, forêt d'Argonne).

II PLAINES

I Divisions — 1. Plaine du nord-ouest. — 2. Plaine du sud-ouest. — 3. Plaine du sud-est.

II Caractères — 1. Généraux, Hauteur : 200 mètres. Quelques points supérieurs à ce chiffre. Nombreux accidents assurant la variété de l'ensemble.

2. Particuliers —
1° *Plaine du nord-ouest.* Vaste cuvette avec Paris pour centre.
2° *Plaine du sud-ouest.* Pas de dépression au centre ; inclinaison uniforme et régulière depuis la région montagneuse jusqu'à la mer.
3° *Plaine du sud-est.* Étroite en son milieu, épanouie à ses extrémités.

III Description —
1. *Plaine du nord-ouest.* Hauteurs (plateaux d'Artois et de Picardie, collines du Perche, de Normandie, du Maine, monts Menez, d'Arrée et Montagne Noire).
2. *Plaine du sud-ouest.* Passage du Poitou dont Poitiers commande l'entrée.
3. *Plaine du sud-est.* A un bout, la région dijonnaise, la Bresse et la Dombes. A l'autre bout, les plaines de Vaucluse, du Bas-Languedoc, de la Crau.

III CÔTES

I Divisions — 1. Côtes de la mer du Nord. — 2. Côtes de l'Atlantique. — 3. Côtes de la Méditerranée.

II Caractères — 1. Généraux. Modifications lentes, mais continues. Ni inhospitalières, ni très favorables à la navigation.

2. Particuliers —
1° *Côtes de la mer du Nord.* Basses, sauf en Pas-de-Calais. Longueur : 75 kilomètres.
2° *Côtes de l'Atlantique.* Moins basses, mais guère mieux abritées que les précédentes. Rares les presqu'îles montagneuses (Cotentin et Bretagne) au milieu des plaines basses (Marquenterre, Vendée, Aunis, Saintonge, Landes). Exemples curieux de phénomènes de démolition et d'ensablement (îles détachées du continent, Noirmoutier, Yeu, Ré, Oléron : baies transformées en étangs, Hourtin, Lacanau, Cazau, Parentis, Aureilhan, Saint-Julien, Léon, Soustons). Longueur : 2.000 kilomètres.
3° *Côtes de la Méditerranée.* Basses, sablonneuses, malsaines en Languedoc. Escarpées, rocheuses, salubres en Provence. Longueur : 625 kilomètres.

III Description —

1. Côtes de la mer du Nord — Ports (Dunkerque, Mardyck, Gravelines, Calais). Caps (Blanc-Nez, Gris-Nez).

2 Côtes de l'Atlantique —

1° *Manche* — Ports (Boulogne, Berck, Le Crotoy, Le Tréport, Dieppe, Fécamp, Étretat, Le Havre, Trouville, Cabourg, Isigny, Granville). Caps (de la Hève, de Barfleur, de la Hague, Fréhel). Golfes (de la Vire, de Vauville, du Mont-Saint-Michel, de la Fresnaye, de Saint-Brieuc, de Morlaix).

2° *Océan* — Ports (Brest, Lorient, Nantes, La Rochelle, Rochefort, Bordeaux, Bayonne). Caps (Pointes Saint-Mathieu, du Raz, de Penmark, Chemoulin, Saint-Gildas, Coubre, Grave). Rade de Brest, baies de Douarnenez, d'Audierne, rade d'Etel, golfe du Morbihan. Presqu'îles de Crozon et de Quiberon.

3. Côtes de la Méditerranée —

1° *Languedoc* — Ports (Port-Vendres et Cette). Étangs de Leucate, Lapalme, Sigean, Thau, Vic, Mauguio, Aigues-Mortes, Vaccarès.

2° *Provence* — Ports (Toulon, Marseille, Nice). Golfes (Marseille, Saint-Tropez, Fréjus, Napoule, Jouan). Caps (Sicié et Roux). Golfe de Berre. — Île de Corse.

CHAPITRE IV

CLIMAT

Plus directement que le relief, le climat influe sur la destinée d'un pays. Il porte en lui le germe de toute défaillance ou de toute vie. Il importe peu que l'homme habite sur des montagnes, dans des plaines, ou près des côtes, si l'air qu'il respire amollit sa volonté ou anémie son organisme. Mais quels trésors d'énergie ne puise-t-il pas dans la possession d'une santé physique et morale sans cesse retrempée à des sources vivifiantes ! C'est ce qui se produit en France, où le climat est un des meilleurs qu'il soit donné à l'homme de souhaiter.

Leçon I

Unité et variété du climat français. — Régions rudes, régions tièdes. — Climats locaux. — Régime des vents et des pluies.

RÉSUMÉ. — 1. Unité du climat. — L'unité du climat français se manifeste par l'uniformité relative de la température dans les régions les plus diverses. D'une façon générale, ce climat est **maritime**, par suite **tempéré**, c'est-à-dire affranchi des chaleurs excessives comme des froids rigoureux.

2. Variété du climat. — Mais cette unité ne va pas sans quelque **variété**. On distingue, en effet, à des traits particuliers, sept climats locaux : le *climat armoricain* ou *breton*, le *climat girondin*, le *climat séquanien*, le *climat méditerranéen* correspondant aux **régions tièdes** ; le *climat du Massif Central*, le *climat rhodanien* et le *climat vosgien* correspondant aux **régions rudes**.

3. Causes. — D'ailleurs le **régime des vents et des pluies** peut modifier les causes déterminantes d'un climat. Il pleut notamment beaucoup plus dans les régions maritimes et les pays montagneux, comme la Bretagne et les Cévennes, que dans les plaines de la Seine, de la basse Loire et de la **région** méditerranéenne.

4. Résultats. — C'est à la douceur du climat qu'est due la *supériorité de la moyenne de la vie humaine en France* par rapport aux autres pays.

Récit. — **1. Unité du climat**. — Deux traits essentiels caractérisent le climat français : son **unité** et sa **variété**.

En effet, du nord au sud, des montagnes aux plaines, règne une température relativement constante et uniforme. Il est facile d'apercevoir les raisons de cette **unité**. Outre que la France s'étend dans la zone tempérée de l'hémisphère nord, la mer n'est nulle part, sauf dans la région de l'est, très éloignée. L'influence de ce grand facteur de modération des chaleurs estivales et des froids hivernaux pénètre donc à peu près partout à l'intérieur. En même temps, l'altitude, sauf au centre et aux extrémités, c'est-à-dire dans le Massif Central, aux Pyrénées et aux Alpes, n'est jamais très élevée. D'où il suit que la mesure dans laquelle elle modifie la température résultant de la latitude est à peu près égale partout. Les pluies enfin ne sont nulle part assez torrentielles pour tremper le sol à l'excès ni assez rares pour le laisser souffrir de la sécheresse. Aussi, quoique répartie d'inégale façon, suivant le voisinage plus ou moins immédiat de l'Océan et les variations plus ou moins accentuées du relief, l'humidité est-elle *suffisante* partout, sans être nulle part exagérée. Rien qui rappelle l'abondance des précipitations de la zone tropicale ni fasse songer au ciel implacable du littoral péruvien où la pluie est un phénomène que l'habitant ne contemple qu'une ou deux fois dans sa vie.

L'unité, voilà donc bien la première caractéristique du climat français. Elle permet de définir ce dernier d'un mot : il est **maritime**, c'est-à-dire **tempéré.** Pas de chaleurs brûlantes en été ni de froids rigoureux en hiver. Pas de ces mois glacés ni de ces « mois d'enfer » dont l'égale inclémence rend si dur le séjour des plateaux castillans [1]. Sauf dans l'est, où les influences marines sont combattues par la réaction continentale et où les écarts de température sont, par suite, plus sensibles, aucune véritable incommodité ne provient du fait du climat.

2. Variété du climat. — Mais est-ce à dire qu'aucune différence ne soit appréciable entre le climat des diverses régions de France ? Nullement. Chaque grande région naturelle se distingue, au contraire, par des traits particuliers. C'est la **variété** dans l'unité. Cette variété permet de reconnaître sept climats locaux : le **climat armoricain** ou **breton**, le **climat girondin**, le **climat séquanien**, le **climat méditerranéen**, le **climat du Massif Central**, le **climat rhodanien**, le **climat vosgien.**

Le **climat armoricain** ou **breton** règne sur les deux péninsules de Bretagne et du Cotentin. Cherbourg, Rennes et Brest se trouvent ainsi être soumis aux mêmes influences atmosphériques. C'est le type le plus parfait du climat maritime avec ses hivers doux et ses étés tièdes.

Le **climat girondin** correspond aux plaines de la Charente, de la Garonne et de l'Adour. La Rochelle, Rochefort, Angoulème, Bordeaux, Bayonne et Toulouse en éprouvent les effets. Les hivers, grâce au voisinage de la mer, n'y sont pas moins doux que dans le précédent; mais déjà, sous l'influence d'une latitude plus méridionale, les étés y sont plus chauds.

1. Un vieux dicton espagnol qualifie ainsi le climat de Madrid : « Neuf mois d'hiver et trois mois d'enfer. »

Le **climat séquanien** se fait sentir sur les domaines fluviaux de la Somme, de la Seine, de la Loire moyenne, depuis le Berry jusqu'à la Flandre, depuis la Touraine jusqu'à la Champagne.

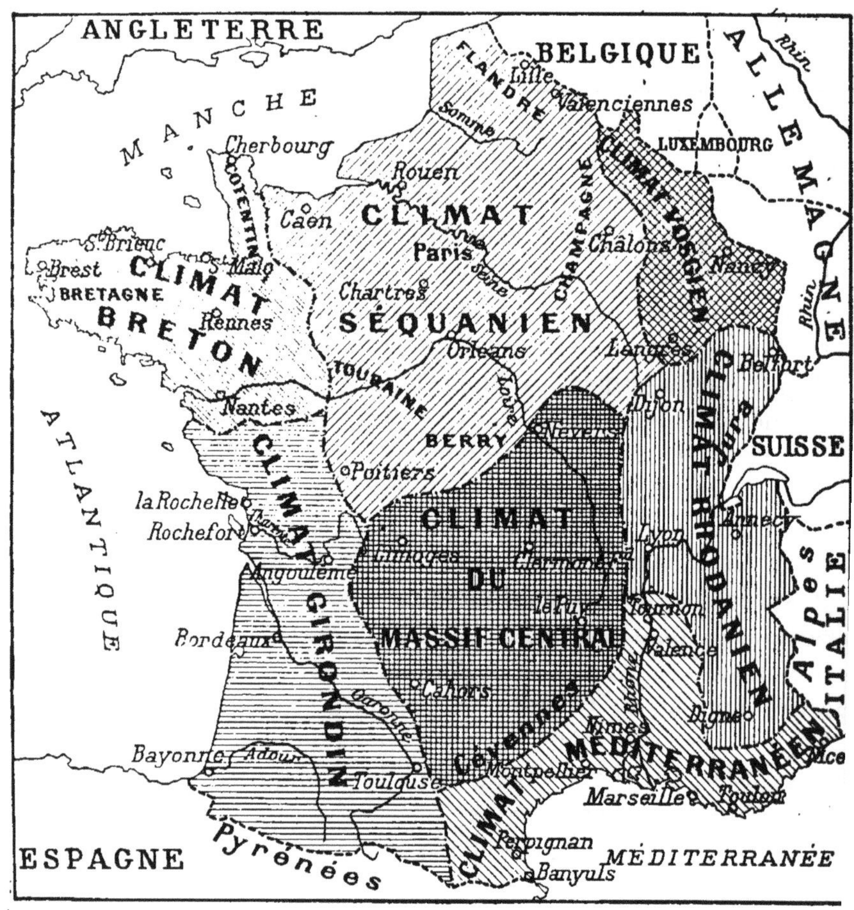

CROQUIS 12. — Les climats.

Il est caractérisé par des écarts plus marqués que dans les régions armoricaine ou girondine. Si les étés sont généralement un peu plus chauds que dans la première et un peu moins chauds que dans la seconde, les froids de l'hiver sont plus vifs que dans toutes les deux.

Le climat méditerranéen domine dans les départements du littoral et dans la vallée du Rhône jusqu'à Valence. C'est le plus chaud de France. Sauf dans les années exceptionnelles, ses hivers sans neige passent à peu près inaperçus, mais ses chaleurs estivales, entretenues par un soleil de feu et le souffle tiède du vent marin, paraissent insupportables aux hommes du Nord.

Les climats du Massif Central, rhodanien et **vosgien** se ressemblent par la rigueur des hivers et l'ardeur des étés. Ils ne diffèrent entre eux que par l'abondance plus ou moins grande des neiges et la durée des saisons. Ils constituent, pour ainsi parler, une zone de transition entre le climat maritime et le climat continental. Climats maritimes par comparaison avec le reste de la masse continentale, climats continentaux par comparaison avec le reste de la France.

Bref, les quatre premiers climats correspondent aux **régions tièdes** ; les trois derniers aux **régions rudes**.

3. Causes. — Mais il est un facteur important du climat qui, troublant les conditions atmosphériques, peut déterminer, dans une même région, des sections fort différentes. C'est le **régime des vents et des pluies**.

Les *vents venus de l'Atlantique*, chauds et humides, prédominent dans les régions soumises aux climats armoricain, girondin et séquanien. Le vent d'est, tour à tour glacé et brûlant, souffle dans la région des plateaux et montagnes du nord-est ainsi que dans la vallée de la Saône et du Rhône. *Le vent du Sud* se fait sentir sur tout le littoral méditerranéen et remonte dans la vallée du Rhône jusqu'à Valence. Le *mistral* est un vent local piquant et violent qui sévit par période de trois, six ou neuf jours dans la vallée du Rhône depuis Tournon jusqu'à la Méditerranée et le long de la Méditerranée jusqu'à Toulon.

Les pluies ne tombent pas également sur toutes les parties de notre sol. Les plus considérables s'observent dans les régions maritimes, comme la Bretagne et le Cotentin où la chute annuelle atteint une moyenne de 1^m,50 et dans les régions montagneuses, comme l'Auvergne, les Pyrénées atlantiques, le Jura, les Alpes, les Cévennes et le Morvan où la moyenne varie de 1^m,50 à 2 mètres. Beaucoup moins arrosées sont la région séquanienne (moyenne annuelle, 0^m,70), les plaines de la basse Vilaine et de la basse Loire (moyenne annuelle 0^m,40 à 0^m,50), enfin la partie du Languedoc et de la Provence touchant à la Méditerranée (sécheresse prolongée).

4. Résultats. — La **durée de la vie humaine** dépend de bien des causes, mais le climat est, sans conteste, une des plus déterminantes. Les populations qui vivent sous un climat maritime et tempéré sont naturellement moins exposées aux troubles organiques que celles qui subissent les excès du climat continental. C'est le cas des populations françaises. Aussi, la France est-elle *le pays du monde où la moyenne de la vie atteint le chiffre le plus élevé* (46 ans[1] contre 27 en Hollande, 26 en Angleterre, 23 aux Etats-Unis) et où la mortalité s'arrête au chiffre le plus bas (23 pour 1000 contre 31 en Angleterre, 38 en Allemagne).

La France est, à cet égard, *la plus favorisée des nations.*

LECTURE

Le nombre des journées de pluie dans les différentes régions de la France. — « Saint-Brieuc a 185 journées pluvieuses et 71 journées sereines en moyenne par an. Saint-Malo a 189 jours de pluie ainsi que Valenciennes ; Lille, 176 ; Nancy et Bordeaux, 150 ; Chartres et Châlons accusent 139 et 135 jours pluvieux. On ne compte que 62 jours de pluie à Perpignan, 69 à Banyuls, 67 à Montpellier ainsi qu'à Nice, 55 à Marseille et 53 seulement à Nîmes. » (Vidal-Lablache, *La France*, **Armand Colin et Cie**, éditeurs.)

---

1. Après n'avoir été que de 31 ans, puis de 36 ans, la moyenne a augmenté de 15 0/0 dans ce dernier quart de siècle (M. de Foville, *Economiste français* février 1907).

TABLEAU SYNOPTIQUE

CLIMAT

<table>
<tr>
<td>I
Double caractère du climat français</td>
<td>1. Son unité: il est partout maritime, par suite tempéré.
2. Sa variété : il ne se distingue pas moins, suivant les régions, à des traits particuliers. Sept climats locaux : armoricain ou breton, girondin, séquanien, méditerranéen, du Massif Central, rhodanien, vosgien. Les quatre premiers correspondent aux régions tièdes ; les trois derniers aux régions rudes.</td>
</tr>
<tr>
<td>II
Régime des vents et des pluies</td>
<td>1. Vents
1° De l'Atlantique, chauds et humides (Seine, Bretagne, Garonne).
2° De l'est, glacé ou brûlant (plateaux du nord-est, Saône et Rhône).
3° Du sud (littoral méditerranéen, Rhône jusqu'à Valence).
4° Mistral (Rhône, de Tournon à la mer).

2. Pluies
1° Abondantes dans les régions maritimes (Bretagne, Cotentin) et montagneuses (Auvergne, Pyrénées atlantiques, Jura, Alpes, Cévennes, Morvan).
2° Modérées dans les autres (Seine, basse Loire, Languedoc, Provence).</td>
</tr>
<tr>
<td>III
Conséquence du climat sur la vie humaine.</td>
<td>La France, pays du monde où la moyenne de la vie atteint le chiffre le plus élevé.</td>
</tr>
</table>

CHAPITRE V

HYDROGRAPHIE

NOTIONS GÉNÉRALES

Le système hydrographique de la France apparaît, à première vue, comme *inférieur* en importance à son orographie. Il faut l'examiner d'assez près pour l'apprécier à sa valeur.

La France n'a pas de grands fleuves comme l'Autriche, la Russie, les Etats-Unis d'Amérique, le Brésil ou la Chine. Le plus long de ses cours d'eau, la Loire, ne peut se comparer au Danube, à la Volga, au Mississipi, à l'Amazone, au Yang-tse-Kiang. Elle n'a que des fleuves moyens ou petits. Aucun ne compense par son volume d'eau les faibles dimensions de son cours. Avec des sources peu abondantes, des pluies moyennes, des neiges passagères, la masse liquide, sauf pour le Rhône qu'enrichit son glacier originel, n'est jamais bien considérable. Mais ces fleuves, de développement et de volume médiocres, sont si heureusement orientés en tous sens qu'il est peu de pays mieux arrosés que le nôtre ni dans lesquels l'économie générale du système hydrographique présente un équilibre plus parfait. La carte de nos eaux courantes fait songer à la classique image du système artériel et veineux du corps humain.

L'orientation générale de la France inclinée vers l'ouest et la double pente secondaire qui descend vers le sud et le nord donnent l'explication de cette disposition. Ce sont elles qui dirigent nos fleuves, les uns vers l'Atlantique, les autres vers la Méditerranée et la mer du Nord. Car il n'y a pas, à proprement parler, de ligne de démarcation entre leurs divers domaines. Il n'y a pas de *bassins* nettement délimités par des barrières montagneuses. Entre la Seine à Paris et la Loire à Orléans le relief du pays est insensible. La Loire moyenne, la haute Seine, la Meuse supérieure appartiennent à la *même région géographique.*

Il ne s'ensuit pas que l'uniformité ou la monotonie soit le caractère propre de notre réseau fluvial. On trouve, au contraire, beaucoup de variété dans la physionomie des cours d'eau, dans la nature des régions qu'ils mettent en rapport, dans les dons ou les défauts des populations qui vivent sur leurs bords.

Leçon I

Les fleuves. — Classification et particularités.

RÉSUMÉ.—1.Remarques préliminaires.—Le mode de répartition des fleuves par *bassins* est fécond en erreurs et doit être abandonné. Il favorise cette opinion fausse, que le partage des eaux coïncide toujours avec les montagnes et cette autre, encore plus fausse, que là où est un partage des eaux doivent être aussi des montagnes.

2. Classification. — Dans ces conditions, la présence ou l'absence de chaînes ne pouvant servir de base à une classification, le plus simple et le plus logique est encore de répartir nos fleuves en trois groupes d'après les mers dont ils sont les tributaires : **fleuves de la mer du Nord; fleuves de l'Atlantique; fleuves de la Méditerranée.**

3. Particularités des fleuves. — Mais les tributaires d'une même mer n'ont pas forcément les mêmes caractères. Leur physionomie se distingue par des particularités très variées. A ne prendre que les quatre plus grands, la Seine, la Loire, la Garonne et le Rhône, on constate dans le régime du cours d'eau, dans l'aspect du pays, dans le caractère des populations riveraines, une diversité qu'expliquent les influences du milieu.

a. La **Seine**, aux allures régulières, traverse une région aux pentes douces, d'une nature reposée presque partout sauf en Champagne, élégante et discrète.

b. Au contraire, par la faute d'une pente trop inégale, d'un régime trop irrégulier, la **Loire** offre tour à tour le spectacle de débordements dévastateurs ou de basses eaux excessives. Pays de montagnes jusqu'à Gien et pays de plaines de Gien à la mer.

c. La **Garonne** est, à ce double point de vue, sœur de la Loire plutôt que de la Seine.

d. Le **Rhône** enfin, type du fleuve de montagne, garde jusqu'à la mer un caractère torrentiel.

Les trois premiers fleuves finissent par un estuaire, le quatrième par un delta.

RÉCIT. — **1. Remarques préliminaires.** — Pendant longtemps, on a répété que la France se divisait, au point de vue hydrographique, en quatre grands *bassins* auxquels nos quatre grands fleuves donnaient leur nom. On a dit qu'il y avait un *bassin de la Seine*, un *bassin de la Loire*, un *bassin de la Garonne*, un *bassin du Rhône*. Rien n'est plus contraire à la réalité. L'expression traditionnelle de *bassin* ne se pourrait justifier que si les prétendus bassins formaient effectivement des cuvettes séparées les unes des autres par cette chaîne ininterrompue de hauteurs qu'on désignait autrefois couramment sous le nom de *ceinture*. Or, où est cette chaîne ininterrompue, où est cette ceinture entre la Seine et la Loire, sinon dans l'imagination des cartographes qui ont dessiné, au nord d'Orléans, des montagnes là où n'existe qu'un seuil de 17 mètres ? Le voyageur qui se rend par la route ou par la voie ferrée d'Orléans à Paris passe, *sans s'en apercevoir*, du domaine de la Loire dans le domaine de la Seine. Il chercherait en vain les hauteurs que, pour la commodité des choses, on lui avait dit séparer les deux régions. Donc, pas de séparation entre le cours moyen de la Loire et le faisceau de rivières qui coulent vers Paris. Par suite, pas de *bassin de la Seine*, pas de *bassin de la Loire*. Il est vrai que le domaine hydrographique du Rhône est délimité de toutes parts par des hauteurs bien caractérisées ; mais, dans le cas de ce fleuve, l'expression de *bassin* n'est-elle pas encore en contradiction avec la forme étroite et allongée de sa vallée qui lui a fait donner plus justement le nom de *couloir* ? Seule, la Garonne pourrait à bon droit servir de dénominateur à la région qu'elle traverse ; mais il suffit qu'il n'en soit pas ainsi partout pour que le géographe rejette un mode de répartition factice, dont le seul titre est d'avoir été, pendant de longues années, vulgarisé dans l'enseignement.

2. Classification. — Grouper les fleuves selon les mers dans lesquelles ils se déversent est à la fois plus logique et plus simple. Trois mers baignent nos côtes : mer du Nord, Atlantique, Méditerranée. Nous étudierons successivement les tributaires principaux de chacune d'elles : **tributaires de la mer du Nord** (*Moselle, Meuse, Escaut*) ; **tributaires de l'Atlantique** (*Somme, Seine, fleuves normands, fleuves bretons, Loire, Charente, Garonne, Adour*) ; **tributaires de la Méditerranée** (*Aude, Hérault, Rhône, Var*).

3. Particularités des fleuves. — Il ne suit pas de là que les fleuves appartenant au même versant maritime aient un commun caractère. La Seine, la Loire, la Garonne, tributaires de l'Atlantique, se distinguent au contraire par des particularités très variées.

a. **La Seine** (776 kilomètres [1]) doit, pour la plus grande partie de

1. Voir plus loin *Croquis de la Seine*, p. 99.

son cours, à la nature poreuse du sol comme à la quantité modérée des pluies qui l'arrosent, son *débit régulier*. D'une part, en effet, les terrains calcaires et crétacés, laissant les eaux de pluie filtrer jusqu'à la cuirasse du sous-sol imperméable, les empêchent de s'amonceler à la surface. Sur une superficie de **77.000** kilomètres carrés que draine le réseau fluvial, 19.000 seulement sont imperméables, soit 25 0/0. C'est le domaine de l'Yonne descendant, avec son cortège d'affluents, des roches granitiques et porphyriques du Morvan. D'autre **part, la** chute annuelle des pluies n'atteint pas une moyenne de 1 mètre dans la zone maritime, de $0^m,60$ vers les sources, de $0^m,50$ **dans** les plaines champenoises, soit, pour l'ensemble de la région séquanienne, une moyenne de $0^m,70$. A ce point de vue encore, **le** Morvan doit être mis à part. Placé au point de convergence **des** courants aériens qui remontent les vallées de la Seine, de la Loire et de la Saône, il reçoit les eaux des nuages venus de **trois** points de l'horizon. Les précipitations y sont torrentielles et atteignent une moyenne annuelle de 2 mètres. L'économie **générale** ne s'en trouve pas sensiblement modifiée.

Aussi, la Seine est-elle une rivière modèle. Nulle part, **de** faux lits ou bras temporaires. Nulle part, de longues bandes **de** sable à travers lesquelles le fleuve appauvri semble **chercher** sa route. Pas davantage d'abondance excessive : pas de **crues,** si ce n'est exceptionnellement, comme en 1658, 1740, **1802,** 1876, 1910, soit, en moyenne, une ou deux par siècle ; mais, **en** toute saison, une masse d'eau suffisante, alimentée par **des** rivières qui, été comme hiver, jaillissent **avec une force** presque égale ou gardent, à quelques centimètres près, le **même** niveau pendant plusieurs années consécutives. **L'Essonne** mérite, sous ce rapport, une mention particulière.

A l'inclinaison douce de sa pente la Seine doit l'*allure modérée* de son cours. Si l'on excepte les 51 premiers kilomètres, **la** pente est peu sensible. Né à la faible altitude de **470** mètres, le fleuve n'est déjà plus, après ce parcours, c'est-à-dire à Châtillon, qu'à 215 mètres. Il n'a donc plus que 255 mètres à **descendre** pour un trajet de 725 kilomètres. A Bar, il est à 162 mètres; à Troyes, à 101; à Montereau, à 50; à Corbeil, à 35; à Paris, à 25; à Mantes, à 19; à Rouen, à 5.

De la régularité de son débit et de la modération de son cours résulte un troisième avantage, sa *navigabilité*. La Seine et ses affluents ont toujours assez d'eau pour porter les navires et jamais trop pour en rendre la direction impossible. Ainsi s'explique le mouvement actif qui existe tout le long de leur parcours. La Seine est comme une grande rue ouverte du Havre à Paris.

Suivez ces « chemins qui marchent » et vous serez frappés par la variété d'aspect des pays que vous traverserez. Ce sont, ici, les plaines blanches de la Champagne, terre ingrate et stérile, surtout dans la partie dite Pouilleuse ; là, le plateau de la Brie, parsemé de larges fermes carrées et recouvert d'un épais limon fertilisant ; plus loin, la plaine dorée de la Beauce, sans arbre, sans eau, véritable grenier à blé de Paris ; ailleurs, les forêts morvandelles ; et, aux environs de la capitale, les châteaux et les villas qu'entourent des jardins d'une beauté élégante et discrète, sorte de banlieue de la grande cité ; le tout habité par une population au caractère réfléchi, à l'esprit fin, mais un peu froide et quelque peu dédaigneuse des qualités qu'elle n'a pas.

b. A ces caractères s'opposent ceux de la **Loire** (1.008 kilomètres)[1]. Le sol poreux du bassin parisien devient ici une terre imperméable (granits du Massif Central, couches argileuses de la Sologne et de la Brenne, granits du Poitou et de la Bretagne). Sur une superficie de 115.000 kilomètres carrés que draine le réseau fluvial, 45.000 sont imperméables, soit 45 0/0, ce qui donne une proportion sensiblement différente de celle qui a été signalée pour le réseau voisin. En même temps, si les pluies sont, dans les plaines basses, égales à celles que reçoit le domaine séquanien, elles sont, en revanche, beaucoup plus abondantes sur les

---

1. Voir plus loin *Croquis de la Loire*, p. 105

hauteurs où la chute annuelle atteint $0^m,85$ (pentes du Limousin et de la Marche), $1^m,50$ (Massif Central) et même 2 mètres (Cévennes). La conséquence est que le débit de la Loire est aussi *irrégulier* que celui de la Seine est égal. Rivière humble en été, presque impuissante à se frayer sa voie à travers les bancs de sable, la Loire devient, en automne et au printemps, un torrent dévastateur, redouté à bon droit des riverains dont maisons et cultures disparaissent fréquemment sous les eaux. Il n'est pas rare que les magnifiques ponts suspendus jetés d'une rive à l'autre soient mouillés par le flot[1].

L'élan que lui donne sa pente accentue encore son *allure turbulente*. Née à une altitude de 1.400 mètres, elle descend trois ou quatre fois plus vite que la Seine. A Roanne, elle n'est plus qu'à 277 mètres, et c'est à peine si de cette ville à Digoin elle devient moins rapide, puisqu'elle descend, en ce court trajet, autant de pente que la Seine entre Montereau et Le Havre. Ce n'est guère qu'à son entrée en Touraine qu'elle prend une allure modérée rappelant celle de la Seine.

Fleuve indisciplinable, la Loire n'a jamais pu avoir, comme voie commerciale, une importance proportionnée à la longueur de son cours. Alternativement trop pauvre ou trop abondante, elle *arrête la navigation* par ses bancs de sable ou la met en péril par ses courants d'inondations. Aussi, les charbons de Saint-Etienne, de Commentry et du Creusot ne peuvent-ils arriver à Nantes qui est obligée d'alimenter ses industries de charbons anglais. Tandis que les riverains de la Seine ont pu tirer parti d'un actif mouvement de batellerie, ceux de la Loire ont moins cherché à rendre leur fleuve navigable qu'à conjurer le danger de ses crues. Pour cela, ils ont construit, au commencement du XIXe siècle, des digues latérales généralement *insubmersibles*, hautes de 7 mètres et larges de 5 à 7 mètres au sommet, de 15 à 20 mètres au pied. Palliatif insuffisant! Remède quelquefois pire que le mal! Car il suffit d'une fissure ou d'une crue extra-

---

1. Voir gravure n° 7.

ordinaire comme en 1846, 1856 ou 1866, pour que le fleuve, triomphant de l'obstacle, s'abatte *en cataracte* sur les champs situés au pied. C'est à se demander s'il n'eût pas été plus sage de se borner à l'établissement de simples digues *submersibles*, propres à ne protéger les vals qu'en cas de crue moyenne. Quoi qu'il en soit, on ne viendra à bout du fléau qu'en multipliant le nombre des *réservoirs* ou *bassins de retenue* établis çà et là aux solutions de continuité qu'offrent les digues et dans lesquels s'emmagasine le trop-plein des eaux. On utilisera, à cet effet, le plus grand nombre possible de vallées larges et profondes en bouchant leur issue. Tel le *barrage du Pinay*, près de Feurs, qui peut retenir une masse de plus de cent millions de mètres cubes.

La vallée de la Loire est assez belle, quoi qu'en ait dit Stendhal, pour justifier la dépense qui résultera de ces travaux. Le *Jardin de la France* n'est pas limité aux frontières de la Touraine. D'Orléans jusqu'à la mer, c'est-à-dire pendant la moitié de son cours, le fleuve serpente entre des rives riantes, bordées d'aunes et de peupliers, véritable jardin duquel émergent, presque à chaque pas, les pointes des tourelles de quelque élégant manoir. Nature douce et reposée à l'image de laquelle sont façonnés les habitants. Comme l'a dit E. Reclus, c'est là que se trouvent fondus dans un harmonieux ensemble de bon sens et de gaieté, d'esprit et de sérieux, les contrastes si violents qu'offriraient le Breton à côté du Provençal, le Béarnais à côté du Lorrain.

c. La **Garonne** (650 kilomètres avec le prolongement de la Gironde) [1] a plus de traits de ressemblance avec la Loire qu'avec la Seine. Tous ses affluents de la rive droite, ceux dont l'apport est le plus considérable, qu'ils viennent des Pyrénées ou du Massif Central, roulent sur un sol granitique imperméable ; elle-même se grossit de la fonte des glaciers d'où bondissent ses sources ; et comme les Pyrénées sont, avec le Massif Central, parmi les régions les plus mouillées de France, le régime des

1. Voir plus loin *Croquis de la Garonne*, p. 109.

pluies ne sert point de correctif à la *surabondance* favorisée par la constitution géologique.

A l'instar de la Loire, la Garonne descend par une pente fortement marquée. Nouvel élément d'*irrégularité*. Tandis que les sources s'étagent entre 1.400 et 2.200 mètres, l'altitude est de 600 mètres au Pont-du-Roi, de 290 à Saint-Martory, de 123 à Toulouse, de 62 à Moissac, de 42 à Agen, de 4 à Bordeaux. Si l'évaporation n'enlevait beaucoup d'eau à la surface de la plaine, les crues de la Garonne seraient, en général, aussi désastreuses que les crues de la Loire. Parmi celles qui ne le furent pas moins, il faut citer la crue de juin 1875, où le niveau d'eau s'éleva de $8^m,70$ à Toulouse, de $11^m,70$ à Agen et où 209 personnes furent noyées à Toulouse et 1.141 maisons renversées. Il est regrettable que les lacs qui, à une époque antérieure de l'histoire de la Terre, s'espaçaient de distance en distance et réglaient les allures du fleuve, aient été insensiblement comblés ou vidés. Ces lacs étaient le modérateur de la Garonne, comme le lac de Constance l'est encore aujourd'hui pour le Rhin, ou le lac de Genève pour le Rhône.

Aussi, sauf dans son cours inférieur, large, profond, accessible aux gros navires, la Garonne, malgré sa situation privilégiée entre l'Océan et la Méditerranée, n'a *pas de valeur comme voie navigable*. Pour permettre aux bateaux de remonter jusqu'au canal du Midi, il a fallu creuser un canal latéral sur la rive gauche du fleuve de Castets à Agen, et, sur la rive droite, d'Agen à Toulouse. Ce dernier sert surtout au transport des produits de la plaine, une des plus belles, des plus riches, des plus ensoleillées de France.

Là est, en effet, pour les habitants de la région garonnaise, la principale source de richesse. On chercherait en vain ailleurs un plus luxuriant mélange de blé, de vignes, de maïs, de pâturages, d'arbres fruitiers. C'est bien le vaste océan d'agriculture dont parle Michelet. Mais, au point où viennent mourir ses derniers flots, les causses et les ségalas ne présentent plus, dans les replis des Cévennes et de l'Auvergne, qu'une

longue série de plateaux dénudés. Sur ces tables de pierre
calcaire, peu ou point d'arbres, quelques tapis d'herbes odorantes et des trous à chaque pas. Sur les causses comme
dans la plaine, les populations se distinguent par l'expression vive de la physionomie, une expansion quelquefois
excessive, un tempérament en dehors mais cachant des trésors de volonté et d'énergie.

d. Les trois fleuves dont on vient de définir les caractères essentiels se jettent à la mer par un estuaire. Le **Rhône,** au contraire
(**812** kilomètres dont **531** en France¹), finit dans la Méditerranée
par un delta. C'est la Camargue. Formé de terres alluvion-
naires, ce delta semblable en cela à ceux des autres grands fleuves
méditerranéens, Ebre, Pô, Danube, Nil, ne cesse de gagner en
longueur. On dit alors que le fleuve est *travailleur.*

Il n'est pas, à cet égard. de type plus intéressant à étudier
que la branche orientale du delta rhodanien ou Grand Rhône.
Emportant à elle seule les quatre cinquièmes des eaux, elle
dépose à droite et à gauche des « teys » ou îlots de boue qui
se rattachent les uns après les autres au continent. Des tours
de signaux, élevées aux issues successives du fleuve, sont
séparées de distance en distance et mesurent ainsi ses progrès.
La dernière, la tour Saint-Louis, bâtie en 1737 sur le littoral
même, en est éloignée aujourd'hui de 8 kilomètres. Arles qui
n'était, au temps de la domination romaine, qu'à 26 kilomètres
de la Méditerranée, en est aujourd'hui à plus de 48. Il s'en faut
donc de peu que le Grand Rhône ait doublé, depuis cette
époque, l'étendue du terrain qui séparait la ville de la mer.

Et avec quelle vigueur ces alluvions sont-elles projetées dans
la masse liquide! D'un bout à l'autre, le Rhône conserve une
allure torrentielle. Au vrai, il court à la mer. Né à une altitude
de 1.753 mètres, il suit jusqu'au delta une pente moyenne de
plus d'un demi-mètre par kilomètre. A son entrée en France, il
est à 375 mètres ; à Lyon, à 174 ; à Valence, à 126 ; à Pont-St-

1. Voir plus loin *Croquis du Rhône,* p. 111.

Esprit, à 50; à Avignon, à 19. Le volume d'eau entraîné par cette pente est toujours considérable. Le Rhône doit aux fortes pluies qui s'abattent sur ses hautes terres ou celles de ses affluents et à la fonte des glaciers alpestres d'être *le plus abondant* des cours d'eau de France. De là il ne faut pas conclure qu'il se répande sur ses rives, comme la Loire ou la Garonne. Du moins ne s'y répand-il que rarement. Le défaut de coïncidence entre les crues des rivières alpestres de la rive gauche et celles des torrents cévenols de la rive opposée compense heureusement les causes d'irrégularité. D'ailleurs, le Rhône a un *modérateur*, comme ceux que possédait jadis la Garonne et dont la disparition fut si funeste au régime de ce fleuve; c'est le **lac de Genève** ou **Léman**, grâce auquel le tribut alpestre du cours supérieur est diminué de moitié.

Néanmoins *l'irrégularité du débit*, jointe à la *force du courant*, est assez sensible pour *nuire à la navigation*. Le Rhône est, selon le mot de E. Reclus, un chemin qui marche trop vite, et qui, par l'effet de sa pente, est trop long et trop difficile à remonter. Avant que le chemin de fer de Lyon à la Méditerranée fût construit, la batellerie avait une grande importance. Aujourd'hui la concurrence de la voie ferrée l'a tuée. Le plus puissant des cours d'eau français se trouve être ainsi à peu près délaissé par le grand mouvement des marchandises. Les intérêts de la région qu'il dessert exigeraient cependant qu'il pût être mieux utilisé. Aucune n'a été plus éprouvée depuis une quarantaine d'années: le phylloxéra et les maladies des vers à soie ont ravagé les vignes et vidé les magnaneries. Ne fera-t-on rien en faveur de ces populations vigoureuses, admirablement douées pour le commerce et qu'en Provence un effet de l'atavisme rend moins fermées que d'autres à l'esprit d'aventure et de colonisation?

LECTURE

1. *La Beauce avant la moisson.* — « La Beauce n'offre à l'œil qu'une surface unie, s'étendant de tous côtés sans changement perceptible de niveau. Les champs, uniformément couverts de céréales et de fourrages artificiels, ne sont divisés ni par des haies ni par des fossés. On remarque la rareté des arbres, ainsi que l'absence presque complète d'habitations isolées. Cette concentration des maisons est la conséquence de la perméabilité du sol, qui empêche l'établissement des mares et oblige à chercher par des puits profonds et bien outillés, l'eau nécessaire aux hommes et aux animaux. » (De Lapparent, *Description géologique du bassin parisien*, **Masson et C**ie, éditeurs.)

2. *La Beauce après la moisson.* — « C'était l'époque abominable, la Beauce dépouillée, désolée, étalant ses champs nus, sans un bouquet de verdure. Les chaleurs de l'été, le manque absolu d'eau, avaient séché la terre qui se fendait; et toute végétation disparaissait; il n'y avait plus que la salissure des herbes mortes, que le hérissement dur des chaumes, dont les carrés à l'infini élargissaient le vide ravagé et morne de la plaine, comme si un incendie eût passé d'un bout à l'autre de l'horizon. Un reflet jaunâtre semblait en être resté au ras du sol, une lumière louche, un éclairage livide d'orage : tout paraissait jaune, d'un jaune affreusement triste, la terre rôtie, les moignons des tiges coupés, les chemins de campagne bossués, écorchés par les roues. Au moindre coup de vent, de grandes poussières s'envolaient, couvrant les talus et les haies de leur cendre. Et le ciel bleu, le soleil éclatant n'étaient qu'une tristesse de plus au-dessus de cette désolation! » (E. Zola, *La Terre*, **Fasquelle**, éditeur.)

3. *Le paysan tourangeau.* — « Le paysan tourangeau a toujours aimé son chez soi, et ce goût n'a fait que s'accroître et se répandre. Le petit cultivateur soigne sa maison avec une sorte de passion. Presque partout des rideaux blancs aux fenêtres bien fermées, un jardinet avec des fleurs, des meubles de noyer entretenus soigneusement, un lit, une grande armoire, une huche à pain, quelques chaises, une table et un berceau. On reçoit là l'impression d'une propreté domestique qui est, en effet, une des qualités et l'un des principaux traits des campagnes de la Touraine. On regrette seulement, dans quelques localités, que les deux ou trois pièces du rez-de-chaussée ne soient pas assez élevées pour être garanties de l'humidité. L'influence de la femme se fait aussi sentir sur la tenue des intérieurs. Il est rare que les fermières ou *maîtresses* (ainsi qu'on les appelle pour les distinguer des servantes) n'unissent pas à leurs qualités d'ordre et d'activité celles que prouvent le bon état du logement, comme le soin de la personne. » (H. Baudrillart, *Compte rendu de l'Académie des Sciences morales et politiques*, 1886.)

Leçon II

Les fleuves *(Suite)*. — Description.

RÉSUMÉ. — **1. Tributaires de la mer du Nord.** — La **Moselle**, la **Meuse** et l'**Escaut**, grandes artères si on les suit en pays étranger, sont, pour nous qui n'en possédons que le cours supérieur, des rivières secondaires. La Moselle et la Meuse sont, chez nous, des fleuves de plateaux ; l'Escaut, au contraire, est, au delà comme en deçà de nos frontières, un fleuve de plaines basses.

2. Tributaires de l'Atlantique. — La **Somme**, semblable à l'Escaut par son débit régulier et son cours tranquille, est utilisée comme voie navigable.

La **Seine**, née au *mont Tasselot* (plateau de Langres), n'est, jusqu'à Châtillon, qu'un maigre filet d'eau ; mais, bientôt doublée par l'apport de l'*Aube*, elle s'étale, à son entrée dans la cuvette parisienne dont Paris occupe le fond, en larges et puissants méandres. Situation privilégiée de Paris au point de convergence des chemins venus des quatre points de l'horizon. En aval de Paris, la Seine forme, à mesure qu'elle s'éloigne du fond de cuvette, une série de boucles particulièrement prononcées à sa sortie de la capitale et dans sa partie maritime. Affluents : droite : *Aube*, *Marne*, *Oise* ; gauche : *Yonne*, *Loing*, *Essonne*, *Eure*.

Par l'appellation de **fleuves normands et bretons**, on désigne les nombreuses artères dont sont sillonnées les deux presqu'îles qui séparent l'estuaire de la Seine de l'estuaire de la Loire. L'*Orne* peut être considéré comme le type des premières ; la *Vilaine*, comme le type des secondes.

La **Loire,** née au *Gerbier des Joncs* (monts du Vivarais) a, de préférence à l'Allier, donné son nom aux eaux réunies des deux fleuves, parce qu'elle a été suivie par les peuples dans leurs anciennes migrations vers le nord. Sa direction reste, en effet, celle du nord jusqu'à Orléans, où elle arrive à une allure à peine ralentie par la longueur de sa marche. Mais, soustraite alors à l'attraction du point central, elle s'infléchit à l'ouest et s'apaise à son entrée en Touraine. Affluents : droite : *Furens, Arroux, Maine ;* gauche : *Allier, Loiret, Beuvron, Cher, Indre, Vienne, Sèvre-Nantaise, Acheneau.*

La **Charente** est à la fois une des rivières les plus sinueuses d'Europe et les plus égales de France.

La **Garonne,** descendue des glaciers de *la Maladetta* (Pyrénées), suit la direction générale du nord-ouest. Le plateau de Lannemezan l'oblige toutefois à dessiner vers l'est une courbe dont Toulouse occupe le sommet. Confondue avec la Dordogne, au bec d'Ambez, elle perd son nom en même temps qu'elle s'élargit du double et bientôt du quadruple. C'est la partie maritime du cours, ou *Gironde.* Affluents : droite : *Salat, Ariège, Tarn, Lot, Dordogne ;* gauche : *Neste, Save, Gimone, Gers, Baïse.*

L'**Adour** est mal séparé du faisceau des rivières garonnaises. Barre imposante à l'estuaire.

3. Tributaires de la Méditerranée. — Ce sont, à l'exception du Rhône, des torrents médiocres par leur longueur, mais terribles par leurs variations. L'**Aude,** l'**Hérault,** le **Var,** en sont des exemples.

Le **Rhône,** issu d'un glacier du *Saint-Gothard* (Alpes), ne réussit à déboucher dans sa vallée que par une série d'étranglements. Arrivé à Lyon, il se détourne pour couler droit au sud jusqu'à la Méditerranée, en passant devant les villes avec la rapidité d'une flèche. Affluents : droite : *Ain*, *Saône*, *Gier*, *Cance*, *Ardèche*, *Cèze*, *Gard ;* gauche : *Isère*, *Drôme*, *Durance*.

RÉCIT. — **1. Tributaires de la mer du Nord. — La Moselle.** — Seule, la partie supérieure du cours, soit un peu moins du quart de la longueur totale, appartient à la France. Née au *ballon d'Alsace* (Vosges), elle descend dans sa plaine par une vallée pittoresque, très peuplée, où se pressent, entre le flanc occidental des Vosges et le flanc septentrional des Faucilles, les usines et les manufactures. Remiremont, Epinal et Toul sont ses principales étapes. Après s'être grossie sur la rive droite de la *Meurthe*, qui baigne Nancy, elle pénètre, un peu en aval de Pagny, en terre allemande, pour aller rejoindre le Rhin à Coblentz.

La Meuse. — C'est, comme la Moselle, un affluent du Rhin, bien que la tradition lui ait maintenu son nom jusqu'à la mer. De son cours nous ne possédons également que la partie supérieure, environ la moitié de la longueur totale. Formée dans le *plateau de Langres*, non loin du *mont Mercur*, elle coule d'abord dans un étroit couloir fermé, à l'ouest par le rempart de l'Argonne, à l'est par celui des Côtes de Meuse. Elle y arrose Neufchâteau, Commercy, Saint-Mihiel et Verdun. Au-dessous de Verdun, la vallée s'élargit et offre le spectacle d'un chapelet de villes dont Sedan, Mézières et Charleville sont les principales. Mais, passé Charleville, elle redevient encaissée et étroite, en même temps qu'elle tourne brusquement vers le nord.

Il est à remarquer que la vallée de la Meuse avait formé jusqu'à ce point une rainure semblable et parallèle à celles de l'Aire, de l'Aisne, de la Marne, de l'Aube. Elle avait contribué, pour sa part, au même titre que ces dernières, à donner, selon le mot de Krantz, l'aspect d'une coquille striée à la partie orientale du bassin parisien. Il eût semblé naturel qu'après avoir coulé depuis son origine dans le sens de la circonférence